누구나 쉽게 따라 할 수 있는

부동산 경매
셀프등기
A to Z

이창석 지음

한국경제신문 *i*

부동산 경매 투자를 한다면 투자자가 반드시 지녀야 할 스킬 중 하나가 소유권 이전 셀프등기다.

셀프등기 능력을 갖춤으로써 비용(수수료)을 절약할 수 있는 장점 외에 등기(登記) 전반에 대한 이해와 부가적으로 부동산 투자나 일상생활에 도움이 되는 많은 지식을 자연스럽게 습득할 수 있을 것이고, 이는 다시 부동산 투자에도 여러 가지 방향으로 도움이 된다.

이 책은 부동산 경매 셀프등기 진행을 실제로 '실행'할 수 있도록 진행 단계별로 쉬운 설명과 실제 사진 및 예시를 담았으며, 자주 하는 Q&A와 많이 하는 실수들에 대한 최상의 해결 방법을 제시했다. 또한 등기(登記)에 대한 필수이론의 기초지식과 말소할 목록을 작성하는 방법, 등기신청수수료 납부 방법, 국민주택채권 매입 방법 등을 실제 예시를 들어 단계별로 상세히 설명했고, 필자의 다양한 노하우와 팁들을 아낌없이 책에 담았으므로 누구나 쉽게 셀프등기를 가능하게 해줄 것이라고 자신한다.

그리고 등기사항전부증명서, 건축물대장, 토지대장 등의 공적 서류 등을 발급받는 방법에 대한 기초적인 내용 등은 책에 분량을 더할 수 있으므로 필자의 블로그에 올렸으니 편하게 참고하면 된다. 이외에도 필자의 블로그에는 셀프등기에 사용하는 여러 서식 파일 및 경매·공매 투자에 대한 여러 정보가 있으니 많은 도움이 될 것이다.

이 책을 통해 독자들이 법무사에게 수수료를 지급하고 소유권 이전 등기를 하는 대신에 자신이 직접 셀프등기를 진행해서 완료할 수 있게 되기를 바란다.

특히 법원, 지자체, 은행 등의 관공서에 직접 방문해서 진행하는 이동시간과 대기시간 등의 허비되는 시간 없이 최상의 방법으로 가정(인터넷이 가능한 장소)에서 컴퓨터로 셀프등기를 완료하는 능력을 갖추게 하는 것이 이 책의 목적이다.

필자는 10년 이상 동안 수많은 셀프등기를 하다 보니, 가장 빠르고 정확하게 진행하는 방법을 오랫동안 고민했고, 진행 단계별로 다양한 시행착오를 줄이면서 결국 최상의 진행 방법을 정리할 수 있었다. 이를 계속 수정, 보완해 최종적으로 가장 최적의 셀프등기 비법을 완성했다.

필자 또한 매번 책에 소개된 내용과 똑같은 방식으로 매년 셀프등기를 하고 있으므로 독자들도 이 셀프등기를 따라 하면 많은 유·무형의 이득을 얻으면서 전문가로 거듭날 수 있을 것이다.

이 책을 통해 독자들 스스로가 셀프등기의 전문가가 되어 부동산 경매·공매뿐만 아니라 일반 매매, 상속, 증여 등 모든 등기를 셀프로 진행할 수 있는 능력을 갖추길 바란다.

마지막으로 제일 중요한 것은 '실행'일 것이다.

자, 이제 경매 셀프등기를 시작해보자.

이창석

차례

다운로드 파일 LIST

'경매 셀프등기 순서 1장'
'경매 5종 세트'
'위임장'
'주택([ ]무상/[ ]유상거래) 취득 상세 명세서'
'말소할 등기의 표시(말소할 목록)'
'재판 기록 열람·복사/출력·복제신청서'
'부동산인도명령 신청서'
'지방세 과세표준 및 세액 등의 결정 또는 경정청구서'
'취득세신고서, 주택 취득 상세 명세서'
'국민주택채권 업무편람'
'부표' 제1종 국민주택채권 매입 대상 및 금액표
'별표' 제1종 국민주택채권 매입 대상자 및 매입 기준

다운로드 파일 LIST는 저자의 블로그에 있습니다.

경매 셀프등기
(소유권 이전등기 촉탁)

경매 물건 소유권 이전 촉탁등기

소유권 이전 촉탁등기란?

소유권 이전등기는 매도자와 매수자가 공동으로 신청하는, 즉 당사자의 신청에 의하는 것이 원칙이나, 예외적으로 법률의 규정이 있으면, 법원과 그 밖의 관공서가 등기소에 촉탁해 등기하는 경우가 있는데, 이를 촉탁등기라 한다.

경매 물건의 최고가매수인(낙찰)은 해당 법원 경매계에 직접 방문해서 잔금을 납부하고, 제반 서류를 모두 갖춘 후, 법원에 '소유권 이전등기 촉탁신청서'를 제출하면 집행법원에서 직권으로 소유권 이전등기를 등기소에 촉탁하는 것이다.

다시 말해, 일반 매매를 통한 소유권 이전등기의 경우에는 등기소에 방문해 소유권 이전을 진행하지만, 경매 낙찰을 통한 소유권 이전 촉탁등기는 법원 경매계에 방문해 소유권 이전을 진행하는 것으로 그 차이를 이해하면 될 것이다.

법원은 매각대금을 받으면 법원사무관 등이 매수인(낙찰자) 앞으로 소유권 이전등기와 매수인이 인수하지 않은 부동산의 부담에 관한 기입 및 경매개시결정등기를 말소하는 등기를 등기관에게 촉탁한다.

등기 촉탁을 하려면 매수인은 다음의 서류를 해당 법원 경매계 법원사무관 등에게 제출해야 한다. 직접 방문해서 제출해도 되지만 이 책의 취지에 맞게 등기서류를 법원 경매계에 우편등기로 보내면 된다.

① 부동산 소유권 이전등기 촉탁신청서
② 부동산 목록(=부동산의 표시)
③ 부동산 등기사항전부증명서(구 부동산 등기부등본)
④ 건축물대장
⑤ 토지대장
⑥ 주민등록 초본 or 등본
⑦ 취득세 영수증, 등록면허세 영수증
⑧ 등기신청수수료 영수증
⑨ 말소할 목록
⑩ 국민주택채권 매입 납부 영수증

+ 등기필증 우편송부신청서

(매수인이 우편에 의해 등기필증을 송부받길 원하는 경우에 제출하는 서류로서 당연히

제출하면 된다. 그리고 만약 공동으로 낙찰받은 경우에는 수령받을 매수인은 공동낙찰자 중 1인을 기재해야 한다)

※ 공동으로 낙찰받은 경우, 즉 매수인이 수인인 경우에는 등기필증 수령인 1인을 제외한 나머지 매수인들의 위임장 및 인감증명서를 제출해야 한다.

※ 토지대장의 경우, 토지뿐만 아니라 아파트, 빌라, 상가 등 모든 부동산 소유권 이전 셀프등기에 필요한 서류다(임야는 임야대장).

※ 주민등록 초본(또는 등본)을 발급 받는 경우에는 필히 주민번호 뒷자리가 나오도록 발급받아야 한다.

예시 | 부동산 소유권 이전등기 촉탁신청서 4종류

다음 1건의 '부동산 소유권 이전등기 촉탁신청서' 서류와 3건의 각각 다른 법원에서 발급한 '부동산 소유권 이전등기 촉탁신청서'를 살펴보면 내용에 차이가 있음을 확인할 수 있다.

첨부 서류의 위치와 필요 수량, 그리고 우표 값이 다르다는 것을 알수 있다. 법원마다 촉탁신청서의 내용이 조금씩 다르지만, ①~⑩번까지의 서류가 기본원칙이다.

따라서 다음 첫 번째 '촉탁신청서' 서식으로 진행해도 상관없지만, 이왕이면 해당 법원 경매 접수계나 경매계에서 '부동산 소유권 이전등기 촉탁신청서'를 발급받아 셀프등기를 진행하는 방법이 여러모로 편리할 것이다.

촉탁신청서 4종류

- 대법원경매(https://www.courtauction.go.kr/) 경매 서식
- 부산지방법원에서 사용하는 소유권 이전등기 촉탁신청서
- 목포지방법원에서 사용하는 소유권 이전등기 촉탁신청서
- 창원지방법원 마산지원에서 사용하는 소유권 이전등기 촉탁신청서

이외에도 전국의 법원에서 사용하는 촉탁신청서는 원칙은 동일하지만 법원마다 약간의 차이가 있다. 물론 대법원경매 사이트 서식을 사용해도 무방하다.

부동산 경매 셀프등기를 진행하면서 필요한 서식 파일 및 각 법원별 '부동산 소유권 이전등기 촉탁신청서' 서식, 그리고 여러 경매 투자 관련 정보들은 필자의 블로그(https://blog.naver.com/envinara)에서 다운로드가 가능하다.

또한 부동산 등기사항전부증명서(구 등기부등본) 발급 방법, 토지(임야)대장, 건축물대장 등의 공적서류를 발급받는 방법 등의 글이 있으니 참고하면 도움이 될 것이다.

필자의 블로그 :

부동산소유권이전등기 촉탁신청서

사건번호 :　　　타경　　　　　부동산강제(임의)경매
채 권 자 :
채 무 자(소유자) :
매 수 인 :
　위 사건에 관하여 매수인　　　　　는(은) 귀원으로부터 매각허가결정을
받고　　　　　년　　월　　일 대금전액을 완납하였으므로 별지목록기재
부동산에 대하여 소유권이전 및 말소등기를 촉탁하여 주시기 바랍니다.
　　　　　　　　　　　　　　첨부서류
1. 부동산목록　　　　　　　　4통
1. 부동산등기사항전부증명서　1통
1. 토지대장등본　　　　　　　1통
1. 건축물대장등본　　　　　　1통
1. 주민등록등본　　　　　　　1통
1. 취득세 영수증(이전)
1. 등록면허세 영수증(말소)
1. 대법원수입증지-이전 15,000 원, 말소 1 건당 3,000 원(토지, 건물 각각임)
1. 말소할 사항(말소할 각 등기를 특정할 수 있도록 접수일자와 접수번호) 4
부

　　　　　　　　　年　　　　月　　　　　日
　　　　신청인(매수인)　　　　　　　　　　　(인)
　　　　연락처(☎)

　　　　　　　　　　　　　지방법원　　　　　　귀중

☞유의사항
1. 법인등기사항증명서, 주민등록등(초)본, 토지대장 및 건물대장등본은 발행일로부터 3 월
이내의 것이어야 함
2. 등록세 영수필확인서 및 통지서에 기재된 토지의 시가표준액 및 건물의 과세표준액이 각
500 만원 이상일 때에는 국민주택채권을 매입하고 그 주택채권발행번호를 기재하여야 함

부동산소유권이전등기촉탁신청서

사건번호 : 20   타경   부동산강제(임의)경매

채 권 자 :

채 무 자(소유자) :

매 수 인 :

위 사건에 관하여 매수인 _____는 귀원으로부터 매각허가결정을 받고 _____년
___월___일 대금전액을 납부하였으므로 별지목록기재 부동산에 대하여 소유권이전
및 말소등기를 촉탁하여 주시기 바랍니다.

첨 부 서 류

✓ 1. 말소할 목록 3부

✓ 2. 부동산 표시 1부(표제부를 보면 됨)

✓ 3. 취득세 영수증(▶물건소재지 구청에서 발급)
   말소등록세 영수증(▶물건소재지 구청에서 발급) 은행에 납부 후 영수증 첨부

✓ 4. 등기신청수수료(은행에 납부 후 영수증 첨부) : 이전 15,000원, 말소1건당
                                              3,000원(토지, 건물 각각임)

✓ 5. 국민주택채권 :
   취득세 영수증에 나타난 시가표준액을 기준으로 신한은행(청사내위치), 하나은
   행,우리은행, 기업은행, 농협중앙회에서 매입

✓ 6. 부동산등기부등본 1통(▶청사내 1층 등기과에서 발급)

✓ 7. 토지대장등본   1통(▶물건소재지 구청에서 발급)-아파트등의 경우 대지권등록부

✓ 8. 건축물관리대장등본   1통(▶물건소재지 구청에서 발급)

✓ 9. 매각허가결정정본 1통

✓ 10. 주민등록초본(법인인 경우 법인등기부등본) 1통

✓ 11. 우표 - 6,000원 2개

                    20   .   .

         위 신청인(매수인)   (인)

         (주소 :   )
         (전화 :   )

                    부산지방법원 민사집행과 귀중

☐ **부동산소유권이전 및 말소등기 촉탁신청서**   경매   계
· ☐ **등기완료통지서 우편송부 신청서**

사 건 번 호 : 광주지방법원 목포지원 20   타경   호
매수인 이 름 :   (등록번호 :   -   )
주 소 :

☐ 위 사건에 관하여 매수인은 귀원으로부터 매각허가결정을 받고 대금전액을 완납하였으므로 별지목록 기재 부동산에 대하여 소유권이전 및 말소등기를 촉탁하여 주시기 바랍니다.
☐ 위 사건의 소유권이전등기촉탁으로 인한 등기완료통지서를 다음 사람에게 우편송부하여 줄 것을 신청합니다.

매수인		송달장소	

※ 수인의 매수인 중 1인을 수령인으로 지정할 경우에는 인감이 날인된 위임장을 함께 제출하여야 합니다.
※ "송달장소" : 낮에 받을 수 있는 장소를 기재합니다.

첨부서류 및 비용

	갈곳	할일
①	등기과 자동발급기	☐ 부동산등기사항전부증명서(부동산등기부등본)
②	관할 시, 군청 발급 (1층 이동민원실 앞 자동발급기)	☐ 토지대장등본(대지권이 있는 집합건물은 **대지권등록부**) ☐ 건축물대장등본(집합건물의 경우 **전유부**) ☐ 매수인 주민등록표초본 (매수인이 법인인 경우에는 등기과 자동발급기에서 법인등기부등본을 발급받을 것)
	관할 시, 군청 발급 후 1층 신한은행 납부	☐ 취득세고지서 : 이전(지자체 발급), 말소(등록면허세)건당 7,200원 **(매각대금완납증명 지참하고 관할 시, 군청 방문)** **- 목포, 신안 : 이동민원실 방문**
③	1층 신한은행 납부	☐ 등기신청수수료 : 이전(건당 15,000원), 말소(건당 3,000원) ☑ 국민주택채권 (매입할 필요가 없는 경우 : 시가표준액 500만원 미만 토지, 2,000만원 미만 주택, 1,000만원 미만 그 외 부동산은 미매입) ☐ 부동산소재지가 목포(신안)인 경우 송달료예납영수증 또는 우표 5,100원, 그 외 지역(영암,무안,함평)은 우표 10,200원
⑤	본인 작성	☐ 매각허가결정 1부 ☐ 말소할 사항 2부

☑ 국민주택채권

금액	〇 원	채권번호	

※ 등록세 영수필확인서 및 통지서에 기재된 부동산의 시가표준액을 기준으로 **국민주택채권**을 매입하고, 그 채권금액과 채권발행번호를 기재

20 년   월   일

신청인(매수인) :   (인)
대리인 :   (인)
연락처 :

부동산소유권이전등기 촉탁신청서

사건번호 2019 타경 ■■■■   부동산강제(임의)경매

채 권 자 : ■■■자산대부(주)

채무자(소유자) : 김■선

매수인이름 : 장■미   (주민번호 : ■■■■■■■■■   )

주 소 :

위 사건에 관하여 **매수인 장■미**는(은) 귀원으로부터 매각허가결정을 받고 매각 대금 전액을 납부하였으므로 **별지 목록 기재 부동산**에 대하여 매수인 앞으로 소유권이전등기 및 말소등기를 촉탁하여 주시기 바랍니다.

첨부서류 및 발급관서 안내

1. **부동산목록**   1부 (매각물건)

2. **부동산등기부등본**   1통 (청사내 1층 무인발급기 또는 3번 창구에서 발급)

3. **토지대장등본** 및 **건축물관리대장등본**   1통 (부동산소재지 관할 구(군)청)
   [집합건물(아파트)의 경우 대지권 연명부 포함된 토지대장등본 제출 1통임.]

4. **매각허가결정정본**   1통

5. 매수인 **주민등록초본(법인인 경우 법인등기부등본)**   1통

6. **취득세** 및 **말소등록면허세** 영수증 (부동산소재지 관할 구(군)청)
   (말소등록세는 말소 1건당 7,200원 납부)

7. **등기신청수수료** - 이전 1건당 15,000원, 말소 1건당 3,000원 (토지, 건물 각각임)
   (청사내 1층 경남은행 에서 현금납부.)

8. **우표** - 4,880원 ＊ 2개 (마산합포구, 마산회원구 소재 부동산은 우표 불요)

9. **국민주택채권** (채권금액 : ■■■■■■원 (채권번호 : ■■■■■■■■■■   )
   등록세 영수증에 나타난 **시가표준액**을 기준으로 매입
   (토지: 공시지가＊면적=500만원 이상, 주택 2,000만원 이상, **국민주택채권 매입기준표-별지 참고**)

10. **말소할 사항**   4부 (말소할 각 등기를 특정할 수 있도록 접수일자와 접수번호 기재)

20 21. 6. 4.

위 매수인   장■미   (서명 또는 날인)

연락처(☎) 0 | 0 ■■■■■■■

창원지방법원 마산지원 경매   계 귀중

소유권 이전등기 촉탁신청
4가지 방식

부동산 소유권 이전등기 촉탁의 방법에는 다음과 같이 4가지 방식이 있다.

1. 법무사를 통해 처리하는 방법(수수료 발생)
2. 직접 방문해서 처리하는 방법
   : 법원 방문 – 지자체 취득세과, 은행, 우체국 등 방문 – 다시 법원 방문
3. **대금 납부만 법원에 방문해 납부하고, 나머지는 모두 인터넷으로 진행 방법**
   : 법원 방문 – 인터넷으로 모두 진행 – 최종 우체국 방문
4. 기타 이외의 방법

1. 법무사를 통해 처리하는 방법

일반적으로 가장 많이 선택하는 방법이다. 부동산 매매를 평생 동안 몇 번 하지 않는 경우에는 법무사를 통해 진행하는 것이 최선의 선택일 것이다.

하지만 부동산 투자를 선택했다면 셀프등기의 능력을 갖추어야 한다는 게 필자의 주장이다. 특히 셀프등기를 통해 법무사 수수료를 건당약 40~100만 원을 절약할 수 있을 뿐만 아니라 유·무형의 여러 가지능력을 얻을 수 있다. 참고로 필자는 셀프등기를 하면서 절약한 수수료를 자신과 가족에게 선물을 사는 것으로 즐거움을 얻는다.

단, 은행 대출을 해서 잔금을 내는 경우에는 보통 은행에서 지정한법무사가 진행하므로 셀프등기는 현실적으로 어려울 수 있다. 법무사수수료 내역서를 살펴보면 대부분은 아니지만, 아주 간혹 실제 금액에비해 높게 책정된 경우가 있을 수 있는데, 이런 경우에도 셀프등기 능력이 있다면 법무사의 '수수료 내역서'를 항목마다 꼼꼼히 확인할 수있고, 만약 수수료 금액이 높게 되었다는 것이 확인된다면, 비용을 할인받을 수 있을 것이다.

2. 직접 방문해서 처리하는 방법

셀프등기를 하는 경우, 흔히 사용하는 방법이다.

법원 경매계에 방문해 잔금을 납부한 후, 납부영수증 등을 발급받아시·군·구 취득세과로 이동해서 취·등록세를 신고·납부하고, 은행과우체국에서 등기신청수수료를 납부하고, 국민주택채권을 매입하고 소유권 이전등기에 필요한 서류인 부동산 등기부, 토지대장, 건축물대장,주민등록등본 등을 발급받아서 다시 법원 경매계에 방문해 '소유권 이전등기 촉탁신청서' 외 필요 서류를 최종 확인해 제출하는 방식이다.

하지만 대부분 법원과 지자체 취득세과는 거리가 가깝지 않다(왕복 4시간 이상 걸리는 곳도 상당히 많다). 서류 발급과 제출, 그리고 신고·납부를 위한 대기시간 등을 고려한다면, 투자자 입장에서는 이 방식의 선택은 바람직한 선택은 아닐 것이다. 따라서 다음의 3번으로 진행하는 것이 가장 최선의 선택이며 필수적이라고 볼 수 있다.

3. 대금 납부만 법원에 납부하고, 나머지는 모두 인터넷으로 진행하는 방법

경매의 경우에는 최소 한 번은 법원에 방문해 잔금을 납부해야 한다. 그리고 집(컴퓨터가 가능한 장소)으로 돌아와 다음 단계는 모두 인터넷으로 할 수 있다. 2번에 비해 아주 효율적이다. 장점을 들자면 너무 많지만, 대표적으로 시간을 효율적으로 사용하는 것, 진행 과정에서의 실수를 줄일 수 있는 것, 경매에 관련된 지식을 얻는 것 외에도 부동산 투자와 일상생활, 삶에서 필요한 여러 가지 능력을 배우게 된다는 장점이 있다.

독자분들도 꼭 셀프등기를 통해 유·무형의 많은 이득을 얻기를 바란다. 단계별 셀프등기에 대한 상세한 설명은 'PART 03. 경매 셀프등기 단계별 방법'에서 상세히 기술할 것이다.

4. 기타 이외의 방법

기타 다른 방법도 여러 가지가 있다.

셀프등기와 경매 입찰 등을 하다 보면 전략적으로 앞의 방법들을 혼용하거나 다른 방식 또한 사용할 수 있을 것이다. 소유권 이전등기 등의 행정적인 부분은 시대에 따라 계속해서 개선되고 변하기 때문에 정답은 없을 것이다. 실무와 이론이 가장 잘 어우러져 있는 것이 최선의 선택일 것이다.

앞에서 이야기한 4가지 중 3번의 방법이 가장 최선이다.

이제 본격적으로 부동산 경매 셀프등기를 시작해보자.

경매 셀프등기
기초 지식 15가지

먼저, 셀프등기에 필요한 기초적인 지식에 대해 알아보도록 하자.

1. 잔금 납부를 위해 법원 방문 시 '대금지급기한통지서', '입찰보증금 보관금영수증' 서류는 지참하지 않아도 상관없다. 단, 신분증은 필수다.

2. 단독명의 낙찰인지, 공동명의 낙찰인지에 따라 위임장, 인감증명서, 인감도장, 주민등록등본 등의 필요한 서류를 정확히 챙겨야 한다.

3. 만약 대리인 자격으로 인도명령신청 또는 서류·열람을 신청하는 경우에는 필히 위임장, 인감도장, 인감증명서를 준비해야 한다.

4. 경매계에서 잔금 납부하는 경우, 법원에 방문했으므로 '부동산 소유권 이전등기 촉탁신청서' 서류를 발급받아오고, '우표' 값 문의를 하

는 것이 편리하다.

'부동산 소유권 이전등기 촉탁신청서' 서류는 법원마다 필요 서류의 순서 등이 다르므로 이왕이면 해당 법원의 요청대로 맞춰주는 것이 좋다. 물론 보통의 촉탁신청서(대법원경매 서식)를 사용해도 무방하다.

'우표' 값이 부족하면 다시 우표를 구입해서 등기우편을 보내야 하는 번거로움이 있으니 처음부터 정확한 금액을 구입해서 등기우편으로 보내는 것이 매우 중요하다.

5. 해당 지자체 부동산 취득세과 연락처 및 팩스번호, 실물 서류를 보낼 주소를 미리미리 파일로 저장해두면 시간을 절약할 수 있다.

6. 취득세와 등록면허세는 지방세이고 물세이므로, 취·등록세 신고·납부는 물건의 소재지의 시·군·구청의 취득세과에서 진행하면 된다.

예를 들어 ① 경북 군위군 군위읍 외량리 물건을 낙찰받고 셀프등기 시에는 경북 군위군청의 부동산 취득세과에서 진행하면 되고, ② 전남 목포시 창평동 물건은 목포시청 부동산 취득세과, ③ 경북 포항시 남구 상도동 물건은 포항시 남구청 부동산 취득세과에서 진행하면 된다.

7. 셀프등기에서 가장 많은 시간을 허비하는 것은 다음과 같다.

법원에 방문해 잔금 납부를 하기 위해 법원 내에 있는 은행을 방문하지만, 해당 은행 계좌가 없고 수표(현금)도 가지고 오지 않았다면 납부할 수가 없다. 따라서 잔금 납부를 할 수 있는 은행으로 찾아가는 이동시간이 가장 뼈아프다. 법원 내에는 신한은행이 가장 많기 때문에 신한은행에 계좌를 개설해 이 계좌를 통해 잔금 납부하면 된다. 최근에는 모바일계좌를 이용하면 빠르게 잔금 납부가 가능하다.

물론 신한은행이 없는 법원도 상당히 많다. 그러므로 해당 법원에 가기 전 법원에 문의해 해당 법원 내에 잔금 납부가 가능한 은행이 어떤 은행인지 확인하고 가는 것도 하나의 팁이다.

법원 내에 은행이 2개 이상 있는 경우, 모든 은행이 경매 잔금 납부 업무를 하는 것은 아니니 반드시 확인하고 가길 바란다.

전국 법원 내의 은행을 확인하기 힘들면 다음의 '법원별 송달료 수납은행'을 참고하면 될 것이다. 이왕이면 법원에 전화해서 문의하는 게 가장 정확하다.

■ 법원별 송달료 수납은행 ■ (2017. 3. 2 현재)

법원명	법원코드	수납은행	법원명	법원코드	수납은행	법원명	법원코드	수납은행
대 법 원	100	신한은행 전국점포	강 릉 지 원	261	SC은행 강릉	포 항 지 원	395	신한은행 전국점포
서 울 고 등 법 원	200	신한은행 전국점포	원 주 지 원	262	SC은행 원주	김 천 지 원	391	신한은행 전국점포
서울고등법원(춘천부)	201	SC은행 춘천지방(출)	속 초 지 원	263	우리은행 속초지원(출)	상 주 지 원	392	SC은행 상주
대 전 고 등 법 원	600	신한은행 전국점포	영 월 지 원	264	신한은행 전국점포	의 성 지 원	393	NH농협은행 의성군부(출)
대전고등법원(청주부)	601	신한은행 전국점포	본 원	270	신한은행 전국점포	영 덕 지 원	394	NH농협은행 영덕법원(출)
대 구 고 등 법 원	300	신한은행 전국점포	충 주 지 원	271	우리은행 충주지원(출)	본 원	413	부산은행 법조타운지점
부 산 고 등 법 원	400	부산은행 법조타운	제 천 지 원	272	신한은행 전국점포	본 원	410	부산은행 법원내
부산고등법원(창원부)	401	경남은행 창원법원	영 동 지 원	273	NH농협은행 영동법원(출)	동 부 지 원	414	부산은행 서부지원(출)
광 주 고 등 법 원	500	광주은행 지방법원	본 원	280	신한은행 전국점포	서 부 지 원	412	신한은행 전국점포
광주고등법원(제주부)	501	SC은행 광주지방법원	홍 성 지 원	281	SC은행 홍성	본 원	411	신한은행 전국점포
광주고등법원(전주부)	502	전북은행 전주법원	논 산 지 원	282	하나은행 논산지원	본 원	420	경남은행 마산
특 서 울 법 원	700	신한은행 전국점포	천 안 지 원	283	신한은행 전국점포	마 산 지 원	431	경남은행 창원법원
서울중앙지방법원	210	신한은행 전국점포	서 산 지 원	284	SC은행 공주	진 주 지 원	421	NH농협은행 진주지원(출)
서울동부지방법원	211	신한은행 전국점포	공 주 지 원	285	하나은행 서산지원	통 영 지 원	422	SC은행 통영
서울남부지방법원	212	신한은행 전국점포	본 원	292	SC은행 홍성	밀 양 지 원	423	NH농협은행 심문중
서울북부지방법원	213	NH농협은행 북부법원	홍 성 지 원	293	신한은행 전국점포	거 창 지 원	424	NH농협은행 거창군부(출)
서울서부지방법원	215	신한은행 전국점포	논 산 지 원	293	신한은행 전국점포	본 원	510	신한은행 전국점포
본 원	214	신한은행 전국점포	천 안 지 원	294	신한은행 전국점포	목 포 지 원	511	신한은행 전국점포
고 양 지 원	214907	신한은행 전국점포	공 주 지 원	295	SC은행 공주	장 흥 지 원	512	광주은행 장흥
서 울 가 정 법 원	230	신한은행 전국점포	서 산 지 원	296	하나은행 서산지원	순 천 지 원	513	신한은행 전국점포
서 울 행 정 법 원	220	신한은행 전국점포	본 원	310	신한은행 전국점포	해 남 지 원	514	광주은행 해남지원(출)
본 원	240	신한은행 전국점포	서 부 지 원	320	대구은행 서부지원	본 원	515	신한은행 전국점포
부 천 지 원	241	신한은행 전국점포	안 동 지 원	311	신한은행 전국점포	목 포 지 원	599	신한은행 전국점포
본 원	228	신한은행 전국점포	경 주 지 원	312	신한은행 전국점포	장 흥 지 원	590	광주은행 장흥
부 천 지 원	229	신한은행 전국점포	포 항 지 원	317	우리은행 포항법원(출)	순 천 지 원	591	신한은행 전국점포
본 원	250	신한은행 전국점포	김 천 지 원	313	신한은행 전국점포	해 남 지 원	592	광주은행 해남지원(출)
안 산 지 원	250826	신한은행 전국점포	상 주 지 원	314	SC은행 상주	본 원	520	신한은행 전국점포
성 남 지 원	251	우리은행 성남	의 성 지 원	315	NH농협은행 의성군부(출)	군 산 지 원	521	신한은행 전국점포
여 주 지 원	252	NH농협은행 북부법원	영 덕 지 원	316	NH농협은행 영덕법원(출)	정 읍 지 원	522	SC은행 정읍
평 택 지 원	253	신한은행 전국점포	본 원	318	신한은행 전국점포	남 원 지 원	523	SC은행 남원
안 양 지 원	254	신한은행 전국점포	안 동 지 원	399	신한은행 전국점포	본 원	530	SC은행 제주지방법원
본 원	260	신한은행 전국점포	경 주 지 원	390	신한은행 전국점포			

8. 만약 수표를 준비한다면 돈 관리를 철저히 해야 하고, 분실에 대비해서 수표 발급 즉시, 수표번호 사진을 찍어놔야 한다. 매우 중요한 사항이다. 타 은행의 수표라도 바로 수입으로 잡기 때문이므로 수수료 걱정은 하지 않아도 된다.

만약 잔금 납부 금액이 123,456,789원이라고 가정하면, 수표 한 장을 발급받을 경우, 금액을 정확하게 하면 아무 문제없다. 하지만 정확하게 계산하기 복잡하다고 123,500,000원으로 한다면, 결국 차액을 현금이 아닌 송금으로 돌려받아야 하기 때문에 시간이 걸린다. 차라리 약간 적은 금액인 123,400,000원으로 수표를 발행하고, 나머지 부족한 현금은 직접 내는 것이 훨씬 시간 절약이 되니 알아두면 좋다.

9. 부기등기는 말소할 목록에 기재하지 않아도 된다. 등기관이 직권 말소한다. 부기등기, 소유권 이전등기, 소유권 보존등기, 공매개시결정등기(부기등기임)의 네 건의 등기 내용은 말소할 목록에 기재할 필요가 없다.

10. ① 지분 전부에 근저당이 설정되어 있고 이 중 한 명 지분만을 경매 매각한 물건을 낙찰받은 후 셀프등기하는 경우, 말소는 근저당 전체를 말소하는 것이 아니라 근저당권변경등기(일부말소)해야 한다.

② 근저당, 지상권 순으로 등기된 지분 물건이 매각 후 지상권 전부를 말소촉탁하면 된다.

③ 지분 물건 전체에 가압류가 설정되어 있고 이 중 한 명 지분만을 경매 매각한 물건을 낙찰받은 경우, 말소는 가압류변경등기(일부말소)해야 한다.

④ 대항력 있는 임차권등기권자가 일부만 배당 시 변경등기 촉탁(임차권변경등기)해야 한다.

⑤ 간혹 같은 부동산 물건이 두 번의 경매 진행을 통해 최초의 대항력세입자가 우선변제권으로 배당요구를 해서 전액변제가 되지 않아 계속 점유 중에 또다시 경매 진행 시 대항력임차인의 2번째 우선변제권을 인정하지 않기 때문에 다음과 같은 물건은 말소촉탁이 안 되니 주의해야 한다(우선변제권 2번은 인정하지 않는다).

11. 등기신청수수료는 법원 인터넷등기소(http://www.iros.go.kr/)에 접속해 편하게 납부하면 되고, 소유권 이전은 15,000원, 말소할 목록 1건당 3,000원씩 해서 전체 금액을 1장에 하면 된다.

해당 등기소를 찾는 게 어렵다면 등기부등본 뒷장 아랫부분에 해당 등기소 이름이 적혀 있으니 이를 참고하면 정확하다.

12. 국민주택채권 매입은 주택도시기금(http://nhuf.molit.go.kr)에 접속해 편하게 구입하면 된다. 주의할 점은 공동입찰인 경우에는 그 인원수만큼 나누어서 계산해야 한다는 것이다. 보통 인원수가 많으면 채권 매입이 0원인 경우가 있다. 이 경우, 이를 잘 기재해서 법원 경매계에 제출해야 또 다른 문의를 받는 것을 미리 방지할 수 있다.

13. 만약 서류열람과 인도명령신청을 하게 된다면 서류를 미리 작성해서 법원을 방문하자. 법원에서 서류 찾고 발급받고 하는 시간을 절약할 수 있다. 해당 서류 작성은 매우 간단하니 서류 서식을 이용해 항상 미리 준비해서 가면 일 처리가 빠르고 정확해진다.

'서류열람신청서'
'인도명령신청서'

14. 대지권등록부 오류인 경우

간혹 제반 서류를 인쇄할 때 대지권등록부가 다음과 같이 해당데이터가 없다는 경우가 있다. 이런 경우 이리저리 알아보느라 시간 뺏기지 말고, 다음과 같이 처리하자.

① 해당 부동산 관할 지적과에 문의한다.

② 인근 주민센터에 방문해서 직접 발급받으면 된다. 1건당 수수료가 발생한다. 참고로 인터넷으로 발급하는 경우에는 무료다.

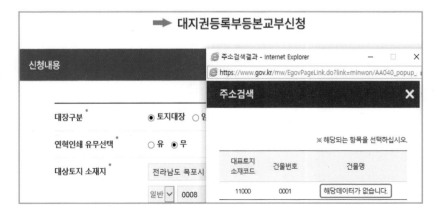

15. 셀프등기를 위한 여러 종류의 공적 서류를 발급받아야 한다. 해당 관공서에 방문해서 발급받는 것은 셀프등기의 취지와는 맞지 않는다. 해당 관광서에 방문한다면 시간과 비용이 드는 데 반해 컴퓨터로 신청하면 무료로 쉽게 발급과 인쇄를 할 수 있다. 부동산 등기부 발급만 유료이고, 나머지는 전부 무료다. 주민등록 등본·초본 역시 무료이니 일상생활에서도 많은 도움이 될 것이다.

필요서류	발급처	비고
건물 / 토지 / 집합 등기사항전부증명서	대법원 인터넷등기소	유료
토지(임야)대장 / 연명부 / 대지권	정부24	무료
건축물대장	정부24, 세움터	무료
주민등록 등본·초본	정부24	무료

참고로, 등기 촉탁신청서 서류인 '부동산 목록'(부동산의 표시)은 작성하지 않아도 된다. 잔금을 납부하면 법원 경매계에서 '부동산의 표시' 서류를 발급하기 때문이다.

공매의 경우에도 '매각결정통지서'서류에 '부동산의 표시' 내용이 기재되어 있어서 따로 서류 작성이 필요 없다.

경매 셀프등기의 단계

경매 셀프등기 단계 순서도

준비단계	법원	집	집	우체국	우체국
· 셀프등기 순서 1장 출력공적 서류 발급 · 경매 5종세트 작성 (말소할 목록 작성)	· 대금납부	· 취득세과에 전화해서 팩스로 부탁 · 취득세 고지서 등록면허세 고지서	· 등기신청수수료 납부 · 국민주택채권 구입	· 우표, 대봉투 구입	· '소유권 이전등기 촉탁신청서' 외 제반서류를 법원에 우편등기

경매 셀프등기의 순서를 간략히 설명하면 다음과 같다.

경매 물건 매각(낙찰)일 이후 14일이 지나면, 최종적으로 매각허가결정이 확정되고 대금지급기한의 날짜가 정해지는데, 그 기한 내에 셀프등기를 진행하면 된다.

순서를 간략히 살펴보면 4단계로 나누어진다. 1단계는 준비 단계로서 집에서 여러 서류를 작성하고, 2단계는 법원에 방문해 잔금을 납부하고, 3단계는 취·등록세 및 여러가지 수수료를 신고·납부한다. 4단계로는 우체국에 방문해서 '완성된 셀프등기 서류'를 해당 법원 경매계로 등기우편을 보내면 셀프등기가 완료되는 것이다.

1. 준비 단계

먼저, ① '셀프등기 순서 1장' 파일을 출력한다. 이 파일을 참고해 진행하면, 셀프등기를 더욱 신속·정확하게 진행할 수 있다.

'셀프등기 순서1장'
'경매 5종 세트 파일'

② 소유권 이전등기 서류인 부동산 등기부, 토지대장, 건축물대장 등의 **공적장부를 모두 출력**하고 이 서류를 통해 '**경매 5종 세트' 파일을 작성**한다. 작성한 파일을 출력해 도장(사인) 날인 후, 스캔이나 사진을 찍어 파일로 저장해놓는다.

2. 법원

③ **법원 경매계에 방문해 잔금을 납부**해야 한다. 준비물은 잔금(돈), 신분증, '대금기한통지서', '법원보관금영수증'이다.

법원 해당 경매계에 방문해 "잔금 납부를 위해 방문했습니다"라고 의사를 밝히고 '대금지급기한통지서', '법원보관금영수증', 신분증을 보여주면, 신분 확인 후 '**법원보관금납부명령서'를 받는다.** 은행에 방문해 납부한 후 영수증을 지참해서 다시 경매계로 방문을 요청한다.

은행에 잔금 납부를 하면 영수증 2장(법원보관금 영수증)을 준다. 1장은 법원 제출용, 1장은 납부자용이다. **이 영수증을 법원 경매계에 다시 방문해 제출**하면 최종 확인을 거친 후, '매각대금완납증명서', '부동산의표시' 서류를 준다. 간혹 '매각허가결정정본' 서류를 내어주는 법원도 있다. 잔금 납부를 끝냈으니 법원에서의 일은 마무리하고 집으로 돌아온다.

3. 집

④ 경매계에서 받은 '매각대금완납증명서', '부동산의표시', '매각허가결정정본' 서류와 은행에서 발급받은 '법원보관금 영수증'과 경매 5종 세트 서류에서 미리 작성한 '취득세 신고서', '등록면허세 신고서', '말소할 목록' 서류를 경매 물건 주소지 관할 시·군·구청 부동산 취득세과에 팩스로 보낸다. 그 후 내 팩스로 고지서를 받는다. 위택스(이택스)에도 납부고지서가 발급되었으니 인터넷으로 취득세와 등록면허세를 납부하고 납부 내역서를 2부씩 출력한다.

잔금일로부터 최대 60일까지 취·등록세를 신고·납부를 할 수 있기에 일(업무 등)이 있다면 시간이 편한 다른 날에 진행할 수 있다.

⑤ 인터넷으로 등기신청수수료를 납부하고 국민주택채권을 매입한다.

4. 우체국

⑥ 우체국에 방문해 필요한 우표와 대봉투를 구입한 후, 해당 법원 경매계로 셀프등기 서류를 등기우편으로 보내면 완료된다.

4단계로 나눠 간략히 셀프등기 순서에 대해 알아보았다. 단계별 쉬운 설명과 실제 사진 및 예시를 통한 상세히 설명은 'PART 03. 경매 셀프등기 단계별 방법'에서 다루었으니 참고하면 될 것이다.

만약 비슷한 시기에 여러 물건을 낙찰받는 경우, 활용 가능한 좋은 팁이 있어 여러분께 알려드리고자 한다.

취득세의 신고·납부 기한은 취득일부터 60일 이내에 과세관청에 신고·납부하면 된다. 경매의 경우 잔금 납부일이 취득일이므로, 잔금 납부한 날로부터 60일 이내에 취·등록세를 납부하면 된다. 공매 물건 또한 마찬가지다.

다음 사진을 보면 4개의 경매 물건의 셀프등기 서류가 있다. 서류마다 제일 앞 장에는 '부동산 소유권 이전등기 촉탁신청서' 서류가 보인다.

4개의 경매 물건은 매각일과 매각을 진행한 법원이 모두 다르다. 따라서 낙찰일, 잔금 납부일, 취·등록세 고지서를 팩스로 받은 날짜도 모두 다르다.

하지만 취·등록세, 등기신청수수료, 국민주택채권 매입, 우표, 대봉투를 구입하거나 납부한 날은 동일하다. 또한 각 해당 경매계로 등기우편을 보낸 날 또한 모두 같은 날이다.

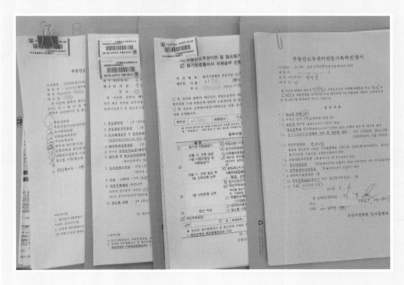

이것이 가능한 이유는 취득세 신고·납부를 잔금 기일로부터 60일 이내에 하면 되기 때문이다. 즉, 4개의 경매 물건의 낙찰일과 잔금 납부일은 다르지만, 취득세 납부 등은 동일한 날짜에 한 번에 같이 처리한 것이다. 이것은 셀프등기의 큰 장점일 것이다.

결론은, 비슷한 시기에 여러 경매 물건을 낙찰받은 경우에는 각 경매 물건을 낙찰받을 때마다 셀프등기를 진행하는 것보다는 이렇게 한 번에 셀프등기를 진행하는 것이 효율적이며, 필자의 노하우 중 한 가지 방법이다.

4개의 경매 물건 촉탁신청서를 동일한 날짜에 경매계로 등기우편으로 보내면서 '등기필증 우편송부신청서'를 같이 제출했으므로 '등기필 정보 및 등기완료통지서'가 집으로 등기우편으로 올 것이다.

다음 사진은 4군데 법원에서 각기 다른 날짜에 4개의 등기우편이 온 사진이다.

단, 소유권 이전등기를 빠르게 하고자 한다면 잔금 납부를 하는 날 즉시 취득세를 납부하고, 다음 단계를 진행해야 할 것이다.

 민법 제187조[등기를 요하지 아니하는 부동산 물권취득]

상속, 공용징수, 판결, 경매 기타 법률의 규정에 의한 부동산에 관한 물권의 취득은 등기를 요하지 아니한다. 그러나 등기를 하지 않으면 이를 처분하지 못한다.

경매 셀프등기
단계별 방법

'셀프등기 순서 1장'
파일 출력

'셀프등기 순서 1장'

이제 단계별로 아주 자세히 알아보도록 하자.

먼저 진행 단계는 다음과 같다.

01. '셀프등기 순서 1장' 파일을 출력

02. 공부 서류를 발급

03. '경매 5종 세트 서류' 파일 작성

04. 잔금 납부 – 경매계 직접 방문

05. 취·등록세 고지서를 팩스로 받은 후 납부

06. 등기신청수수료 납부 / 국민주택채권 매입

07. 우표, 대봉투 구입 및 최종 서류를 정리해서 우편등기

경험상 '셀프등기 순서 1장' 파일을 보면서 진행하는 것이 실수를 줄일 수 있고, 결국 가장 빠르고 정확한 등기를 할 수 있으므로 꼭 이 셀프등기 순서 파일을 출력하면서 시작하도록 하자!

* 셀프등기 순서 1장

준비		**공부 서류 발급받기** (부동산 등기사항전부증명서_집합, 건물, 토지/토지대장(연명부)/건축물관리대장/주민등록등본)
		필요 서류 직접 작성(말소할 목록/등기필증우편 송부신청서) '소유권 이전등기 촉탁신청서'는 경매계에 가서 받기 +) 우표 값 문의
		'경매 5종 세트 서류' 작성한 후 인쇄, 도장 날인 스캔해 파일 저장
		시·군·구청 취득세과에 연락해서 팩스로 가능한지 문의 (팩스번호와 실물 서류 보낼 주소지도 확인)
준비		준비물 챙겨서 법원 경매계로 출발
법원 and 집	1	경매계에 '대금지급기한통지서', '법원보관금영수증'을 내고 신분증 제시 – 경매계장이 주는 **법원보관금납부명령서**를 가지고 은행에 방문해 납부
	2	은행에 납부하고 받은 **영수증(법원보관금영수증)은 납부자용/법원 제출용** 2장이며, 법원 제출용을 제출해야 함.
	3	위 영수증을 경매계장에게 제출하면 **'매각대금완납증명서', '부동산의표시'를 받는다.** **'매각허가결정정본'**을 주는 경우도 있음. 법원마다 다름.
		경매계장이나 종합민원실에서 '부동산 소유권 이전등기 촉탁등기신청서' 받기 그리고 우표 개수와 금액 확인하기
		복사기에서 '대금완납영수증', '매각정본', '부동산의 표시', '말소할 목록'을 복사하는 것도 하나의 팁!
		케이스별로 경매 사건 : 서류 열람하기, 인도명령신청하기
		당일 또는 다른 날에 인터넷으로 나머지 셀프등기를 진행하면 된다.
	4	**취득세과에 팩스로 보내기 : 6장** 팩스 서류 : '대금완납증명서', '부동산의 표시', '법원보관금영수증', '취득세납부신고서', '등록면허세납부신고서', '말소할 목록'
		(간혹 신분증이나 공유자로 낙찰받은 경우 공유자의 정보 요구)

법원 and 집	5	**취득세과에서 '취득세납부영수증', '등록면허세' 고지서를 팩스로 받아서 납부함.** 편하게 위택스로 납부. 은행에 직접 방문해서 납부 가능함
		***간혹 등록면허세 고지서를 발급하지 않는 경우가 있으니 유의해야 함
		***"경매 낙찰이고 취득세 및 등록면허세 고지서를 발급해주세요! 말소할 목록건수는 O건입니다"라고 필히 말하기
	6	**국민주택채권 매입 즉시 매도하기** (취득세납부고지서에서 나오는 시가표준액으로 쉽게 계산 가능)
		주택도시기금 홈페이지에 접속해 '셀프 채권 매입 도우미'를 통해 즉시 매도하면 된다. 단계별로 진행하면 어렵지 않게 가능하다. 단, 은행의 서비스 시간에 유의하자.
	7	**등기신청수수료 납부** : 소유권 이전 15,000원, 말소 1건당 3,000원
	8	**촉탁신청서에 나오는 순서에 서류 맞춰서 제출하면 끝.** 실물 서류도 꼭 취득세과로 보내야 한다.
주의 사항		경매계에 가기 전에 무슨 은행이 있는지 확인하고 방문 특히 법원 내에 은행이 2곳 이상이더라도 대금 납부는 1개 은행만 가능하니 주의
		경매계 잔금 납부 시에 필히 촉탁신청서를 받고 우표 가격을 확인하자.
		잔금 납부하고 취득세과가 법원 인근에 있다면 셀프등기를 계속 진행해도 되지만 보통은 그냥 끝내는 경우가 많다. 볼일 보고 당일 저녁이나 다음 날에 다음 순서 진행
		취득세 납부를 직접 은행에서 납부하는 경우(사람 없을 때 창구 이용/많은 땐 ATM기를 사용) 주의할 점은 ATM에서 납부 후 영수증은 필히 은행직원에게 도장 받기
		위택스 납부 시에 납부하고 바로 출력하기까지 몇 분의 시간이 걸리는 점 유의
		등기신청수수료 납부 시에 해당 등기소 확인이 어렵다면 해당 부동산 등기부를 보면 하단에 등기소명이 나온다.
		등기신청수수료는 소유권 이전 15,000원과 말소할 목록 5건 15,000원을 합친 30,000원 금액을 한 장에 납부 가능
		우표 값을 틀려 등기우편을 보내면 다시 우표를 사서 등기로 보내야 하니 우표 값을 정확하게 해야 한다. 애매하다면 더 높은 가격의 우표를 사서 붙이는 게 효율적이다.

공부 서류 발급

다음과 같이 필요 서류와 발급처를 기재했으니 쉽게 발급이 가능할 것이다.

필 요 서 류	발 급 처	비 고
건물 / 토지 / 집합 등기사항전부증명서	대법원 인터넷 등기소	유료
토지(임야)대장 / 연명부 / 대지권	정부24	**무료**
건축물대장	정부24, 세움터	**무료**
주민등본(초본)	정부24	**무료**
말소할 목록	직접 작성	경매 5종 세트
등기필우편송부신청서	직접 작성	경매 5종 세트
부동산 소유권 이전촉탁신청서	직접 작성	법원에서 발급받기
취득세, 등록면허세	시·군·구 취득세과	위택스로 납부, 고지서 출력해서 은행에서 납부, 인터넷은행도 가능
주택매입채권	인터넷은행에서 납부	주택도시기금에서 매입 금액 확인

공부서류

필 요 서 류	발 급 처	비 고
등기신청수수료	대법원 인터넷 등기소	소유권 이전 1건당 15,000원, 말소할 목록 1건당 3,000원
우표 2장(3장), 대봉투 2장	우체국	주소 직접 작성

'경매 5종 세트 서류'
파일 작성

시간을 절약하고 정확하게 하기 위한 방법으로, 경매는 '경매 5종 세트' 서류를 사용하고, 공매는 '공매 5종 세트' 서류를 사용한다.

경매 5종 세트 + 위임장

경매의 경우에는 '경매 5종 세트' 서식을 사용한다.

① 취득세 및 등록세 신고서
② 등록에 대한 등록면허세 신고서
③ 말소할 목록

④ 등기필증 우편 송부신청서

⑤ 재판 기록 열람·복사신청서

+) 위임장

+) 주택([ ]무상/[ ]유상거래) 취득 상세 명세서

'경매 5종 세트'
'위임장'

경매 5종 세트 파일을 참고해서 노란색으로 표시된 부분만 변경해서 사용하면 되며, 누구나 쉽게 작성이 가능할 것이다.

※ 공동 낙찰인 경우에는 '위임장' 서식 한 개가 더 추가된다.

※ 주택을 낙찰받은 경우라면, '주택([ ]무상/[ ]유상거래) 취득 상세 명세서' 서식 한 개가 더 추가된다.

주택을 취득하는 경우, 소유주택 수에 따른 취득세를 중과 과세하기 위한 것으로 1세대가 소유하고 있는 주택현황을 기재하는 것이다. 참고로, 지자체에서 소유주택 현황을 정확히 파악하고 있음을 참고하자. 편하게 작성해서 제출하면 된다(2020.8.18. 이후 주택을 취득하는 경우이며 토지, 상가를 낙찰받은 경우에는 필요 없는 서식이다).

취득세 및 등록세 신고서

관리번호 :　　-

취득세 및 등록세 신고서

☐ 기한내 신고　　☐ 기한후 신고

신고인	구 분	성 명 (법인명)	주민(법인) 등록번호	전화번호	주　　　　　　소
	취득자 (신고자)	이○석	777777-7777777	010-7777-7777	○○시 ○○구 ○○로 103번길 9. ○○○동○○○호
	전소유자				

취득물건 의 표시	서울 동대문구 휘경동 0000-000. ○○빌라 0층 000호
	토지/건물 지분 취득
	건물 7.09m² （전체면적은 38.98m²）
	대지권 2.55m² （전체면적은 14.07m²）

취득물건내역

취득물건	취득일자 [완료일]	면적(배기량)	종류(지목/차종)	용 도	취득(등기)원인	취득가액
토지/건물 지분 취득	2021.4.16	건물 7.09m² 대지권 2.55m²	대	다세대주택	경매	76.510.000원

세 목		과 세 표준액	세율	산출세액①	감면 세액②	기납부 세액③	가산세			신고세액 합계 (①-②-③+④)
							신고 불성실	납부 불성실	계④	
합 계										
취득세액	취득세 신고세액		%							
	농특세 신고세액 (취득세) 부과분		%							
	감면분		%							
등록세액	등록세 신고세액		%							
	지방교육세 신고세액		%							
	농특세신고액 (등록세감면분)		%							

※ 구비서류
1. 취득가액 등(매매계약서, 잔금영수증, 법인장부등)을 증빙할 수 있는 서류 사본 각 1부
2. 감면신청서 1부　3. 비과세확인서 1부　4. 기납부세액 영수증 사본 1부　5. 위임장 1부(대리인에 한합니다)

「지방세법」 제120조제1항, 제150조의2제1항, 제260조의4, 동법 시행령 제86조제1항, 제104조의2제3항 및 「농어촌특별세법」 제7조의 규정에 의하여 위와 같이 신고합니다.	접수(영수)일자인

2021년 4월18일

신 고 인　　이○석　　（서명 또는 인）
전화번호　010-7777-7777

귀 하

위 임 장

m² 위 신고인 본인은 위임받는 자에게 취득세 및 등록세신고에 관한 일체의 권리와 의무를 위임합니다.

위임 받는자		위임자(신고인)		(인)
	성 명	주민등록번호		위임자와의 관계
	주 소			전화번호

말소등록세 고지서도 같이 송부하여 주시기 바랍니다 (말소건수 : **1**건)

■ 지방세법 시행규칙[별지 제9호서식] 〈개정 2017. 12. 29.〉

(앞 쪽)

등록에 대한 등록면허세 신고서
[기한 내 신고( ) 기한 후 신고( )]

접수번호		접수일자		관리번호	

신고인	① 성 명 (법인명)	② 주민(법인)등록번호	③ 주소(영업소)	④ 전화번호
	이O석	777777-7777777	OO시 OO구 OO로 103번길 7, OOO동 OOO호	010-7777-7777

등기 · 등록물건 내역

⑤ 소 재 지	서울 동대문구 휘경동 0000-000. OO빌라 0층 000호		
⑥ 물 건 명	⑦ 등기 · 등록종류	⑧ 등기 · 등록원인	⑨ 등기 · 등록가액
	압류	경매로 인한 소유권이전 (말소건수 **1**건)	

납부할 세액

세 목	⑩ 과세 표준	⑪ 세율	⑫ 산출 세액	⑬ 감면 세액	기납부세액	가산세			신고세액 합 계 ⑫-⑬-⑭
						신고 불성실	납부 불성실	⑮ 계	
합 계									
등록면허세		%							
지방교육세		%							
농어촌특별세		%							

※ 구비서류
1. 등록기 등을 증명할 수 있는 서류(전세계약서 등) 사본 각 1부
2. 감면 신청서 1부
3. 비과세 확인서 1부
4. 기납부세액 영수증 사본 1부
5. 위임장 1부(대리인란 해당됩니다)

「지방세법」 제30조 및 같은 법 시행령 제48조제3항에 따라 위와 같이 신고합니다.

신고인
대리인   이O석

접수(영수)일자인

2021년07월07일
(서명 또는 인)
(서명 또는 인)

시장 · 군수 · 구청장 귀하

위 임 장

위의 신고인 본인은 위임받는 사람에게 등록에 대한 등록면허세 신고에 관한 모든 권리와 의무를 위임합니다.

위임자(신고인)   (서명 또는 인)

※ 위임장은 별도 서식을 사용할 수 있습니다.

위임받는 사람	성 명		주민등록번호	위임자와의 관계
	주 소			전 화 번 호

접수증(등록면허세 신고서)

신고인(대리인)	접수연월일	과세물건 신고내용	접수번호	
「지방세법」 제30조 및 같은 법 시행령 제48조제3항에 따라 신고한 신고서의 접수증입니다.			접수자	접수일
			(서명 또는 인)	

말소할 등기의 표시 (말소할 목록)

No.	접수년월일	접 수 번 호	말소할 등기(등기목적)	기타사항
1	2020년1월10일	제3574호	강제경매개시결정	갑구
2				
3				
4				
5				
6				
7				
8				
9				
10				
11				
12				
13				
14				
15				

등기필증 우편송부 신청서

등기필증 우편송부 신청서

* 사건번호 : 2020타경100000
* 부동산의 표시 : 서울 동대문구 화기동 0000-000. ○○빌라 0층 000호

위 사건에 관하여 매수인은 소유권이전등기촉탁으로 인한 등기필증을
다음과 같이 우편송부하여 줄 것을 신청합니다.

수령받을 자 : 이 ○ 석
송달장소 : ○○시 ○○구 ○○로 103번길 9, ○○○동○○○호

2021.7.7

신청인(매수인) : 이 ○ 석   (인)

서울북부지방법원 경매5계 귀하

● 매수인 또는 수인의 매수인 중 1인이여야 합니다.
● 수인의 매수인 중 1인을 수령인으로 지정할 경우에는 인감이 날인된 위임장을 함께 제출하여야 합니다.

재판기록 열람·복사/출력·복제 신청서

허	부

신 청 인	성 명	이○석	전화 번호 담당사무원	010-7777-7777
	자 격	낙찰자	소명자료	신분증

신 청 구 분	☑ 열람 ☐ 복사 ☐ 출력 ☐ 복제
사 용 용 도	

대 상 기 록	사건 번호	사 건 명	재 판 부
		부동산강제경매 2020타경1○○○○	

복사/출력· 복제할 부분	채권 금액 확인	(복사/출력 매수 매) (복제용량 메가바이트)

복사/출력 방법	☐ 법원 복사기 ☐ 변호사단체 복사기 ☐ 신청인 복사설비 ☐ 필사

이와 같이 신청하고, 신청인은 열람·복사/출력·복제에 관련된 준수사항을 엄수하며, 열람·복사/출력·복제의 결과물을 통하여 알게 된 개인정보, 영업비밀 등을 개인정보 보호법 등 관계법령 상 정당한 용도 이외로 사용하는 경우 민사상, 형사상 모든 책임을 지겠습니다.

2021년 7월 7일

신청인   이○석   (서명 또는 날인)

비 고 (재판장 지정사항 등)			
영 수 일 시	20 . . . :	영 수 인	
신청 수수료	☐ 500 원 ☐ 면 제	(수 입 인 지 첩 부 란)	
복사/출력·복제 비용	원		

※ 준수사항 및 작성요령
1. [개인정보 보호법 제19조] 개인정보처리자로부터 개인정보를 제공받은 자는 다음 각 호의 어느 하나에 해당하는 경우를 제외하고는 개인정보를 제공받은 목적 외의 용도로 이용하거나 이를 제3자에게 제공하여서는 아니 된다. 1. 정보주체로부터 별도의 동의를 받은 경우 2. 다른 법률에 특별한 규정이 있는 경우
2. [민사소송법 제162조 ④항] 소송기록을 열람·복사한 사람은 열람·복사에 의하여 알게 된 사항을 이용하여 공공의 질서 또는 선량한 풍속을 해하거나 관계인의 명예 또는 생활의 평온을 해하는 행위를 하여서는 아니 된다.
3. 신청인 영수인란은 서명 또는 날인하고, 소송대리인·변호인의 사무원이 열람·복사하는 경우에는 담당 사무원란에 그 사무원의 성명을 기재
4. 신청수수료는 1건당 500원(수입인지로 납부). 다만, 사건의 당사자 및 그 법정대리인·소송대리인·변호인(사무원 포함)·보조인 등이 그 사건의 계속 중에 열람하는 때에는 신청수수료 면제
5. 법원복사기/프린터로 복사/출력하는 경우에는 1장당 50원의 비용을 수입인지로 납부 (다만, 100원 단위 미만 금액은 이를 계산하지 아니함)
6. 매체를 지참하여 복제하는 경우에는 700메가바이트 기준 1건마다 500원, 700메가바이트 초과 시 350메가바이트마다 300원의 비용을 수입인지로 납부(매체를 지참하지 아니한 경우 매체 비용은 별도)
7. 복사/출력·복제할 부분 란에 복사대상(기록의 일부를 복사/출력·복제하는 경우에는 대상을 열거하여 특정하여야 함) 및 복사/출력을 정확하게 기재하여야 함
8. 열람·복사 담당 법원공무원의 처분에 대하여 불복하는 경우에는 이의신청을 할 수 있음

위 임 장

위 임 자1	성 명	○○정	(인)	생년월일 : 740000-0000000
	주 소			
	전화번호	자 택 :		휴대전화 : 010-0000-0000

위 임 자2	성 명	○○남	(인)	생년월일 : 690000-0000000
	주 소			
	전화번호	자 택 :		휴대전화 : 010-0000-0000

대 리 인 (신청하러 오신분)	성 명	○○석	(인)	생년월일 :700000-0000000
	위임자와 의 관계	지 인		
	주 소			
	전화번호	자 택 :		휴대전화 : 010-0000-0000

본인은 위 대리인에게 부동산강제경매 2021타경0000 사건의
소유권이전등기등의 관련 일체 권한을 위임함.
부동산주소지 : 경상북도 포항시 남구 상도동 000-00번지

2021 년   7월   7일
위임자

○○ 정 (인감 인)
○○ 남 (인감 인)

■ 지방세법 시행규칙[별지 제3호서식 무표] <개정 2020. 8. 18.> (앞쪽)

주택 ([ ]무상 / [ ]유상거래) 취득 상세 명세서

① 주택 (증여자[ ] / 취득자[ ]) 세대 현황

① 취득자 구분		□ 개인		□ 법인 또는 단체		
② 세대 현황	구 분	세대주와의 관계	성명	주민등록번호(외국인등록번호)	1세대 포함 여부	
※ 무상취득은 증여자 기준으로, 유상거래는 취득자 기준으로 작성합니다.	세대주				□ 포함 □ 제외	
	세대원				□ 포함 □ 제외	
					□ 포함 □ 제외	
					□ 포함 □ 제외	

② 신규 취득 주택 현황

③ 취득 주택 소재지 및 별장·고급주택 여부	주 소					
	조정대상지역	□ 여 □ 부		별장·고급주택	□ 여 □ 부	
④ 중과세 제외 주택 여부	□ 해당 없음 □ 해당 (「지방세법 시행령」 제28조의2제( )호의 주택)					
⑤ 취득 원인	□ 무상취득 / 유상거래 (□ 매매 □ 분양권에 의한 취득)					
⑥ 계약일			⑦ 취득일			
⑧ 취득 가격						
⑨ 취득주택 면적(m²)	총면적	토 지	취득지분	%	취득면적	토 지
		건 물		%		건 물
⑩ 일시적 2주택 여부	□ 일시적 2주택 □ 해당 없음					

③ 1세대 소유주택 현황 ※ 신규로 취득하는 주택을 포함합니다.

	소유주택 수 □ 1주택 □ 일시적 2주택 □ 2주택 □ 3주택 □ 4주택 이상					
⑪ 1세대 소유주택 현황	소유주택 현황 ※ 기재사항이 많은 경우 별지로 작성할 수 있습니다.	유 형	소유자	소재지 주소	취득일	주택 수 산정 포함 여부*
		단독·공동주택				□ 포함 □ 제외
		'20.8.12. 이후 계약	주택 분양권			□ 포함 □ 제외
			주거용 오피스텔			□ 포함 □ 제외
		'20.8.12. 이후 취득	조합원 입주권			□ 포함 □ 제외
						□ 포함 □ 제외
						□ 포함 □ 제외
						□ 포함 □ 제외

* 「지방세법 시행령」 제28조의4제5항 각 호의 어느 하나에 해당하는 주택은 주택 수 산정 시 제외합니다.

④ 신규 주택 적용 취득세율

취득구분	중과세 제외 주택		무상취득		유상거래						
					법인 및 단체	개인					
규제구분	무상 취득	유상 거래	조정대상 지역	조정대상 외 지역		조정대상지역			조정대상지역 외 지역		
총 소유주택 수 (신규 주택 포함)			3억 이상	3억 미만		1주택 일시적 2주택	2주택	3주택 이상	2주택 이하	3주택	4주택 이상
⑫ 취득세율	3.5%	1~3%	12%	3.5%	12%	1~3%	8%	12%	1~3%	8%	12%
	□	□	□	□	□	□	□	□	□	□	□
별장·고급주택	□ ⑫ 취득세율에 8% 가산										

※ 향후 세대별 주택 수 확인 결과 신고내용과 다르거나 일시적 2주택으로 신고했으나 종전 주택을 기한 내에 처분하지 않은 경우 가산세를 포함하여 추가로 취득세가 부과될 수 있음을 확인합니다.

신고인 : (서명 또는 인)

※ 주택을 낙찰받은 경우라면 '경매 5종 세트' 서식 외에 이 서식도 같이 제출해야 한다.

경매 5종 세트 파일 중에서 '말소할 목록'은 작성하는 방법을 반드시 알아야지만 작성이 가능하기에 먼저 작성 방법에 대해 자세히 알아보도록 하자.

말소할 목록 작성 방법

먼저 말소할 목록 작성을 위해서는 해당 부동산의 등기사항전부증명서가 필요하다(구 부동산 등기부등본).

경매가 진행되는 도중에도 언제든지 새로운 권리(채권)가 등기부에 새롭게 등재될 수 있기 때문에 가장 최근의 등기부를 발급받아서 말소할 목록을 작성해야 한다.

말소할 목록 서식은 정해진 것은 없지만, 접수연월일, 접수번호, 등기 목적은 반드시 기재되어야 한다. 미리 만들어둔 말소할 목록 파일을 통해 사용하면 편리하다.

말소할 등기의 표시 (말소할 목록)

No.	(ㄱ) 접수년월일	(ㄴ) 접 수 번 호	(ㄷ) 말소할 등기(등기목적)	(ㄹ) 기타사항
1	2009 년 4 월 13 일	제 10581 호	압류	갑구
2				
3				
4				
5				
6				
7				
8				
9				
10				

파일 다운로드 방법 : 필자의 블로그(https://blog.naver.com/envinara)의 '셀프등기 파일 다운로드' 항목에서도 파일을 다운로드할 수 있다.

말소할 목록 기재 방법

'말소할 목록'

부동산 등기부 내용

순위번호	등 기 목 적	접 수	등 기 원 인	권리자 및 기타사항
2	1번■■■화지분압류	2009년4월13일 제10581호	2009년4월7일 압류(재산세과- 899)	권리자 국 처분청 서인천세무서

말소할 목록(말소할 등기의 표시) 파일에서,

(ㄱ) '접수연월일' 란에는 위 부동산 등기부의 '접수'에 표시된 날짜 2009년 4월 13일을 기재하면 된다. 등기원인의 날짜(2009년 4월 7일)가 아니니 주의하도록 하자.

(ㄴ) '접수번호' 란에는 부동산 등기부의 '접수' 날짜 하단에 기재된 제10581호를 기재하면 된다.

(ㄷ) '말소할 등기(등기목적)' 란에는 부동산 등기부의 '등기목적'에 기 재된 채권권리를 기재하면 된다. 즉, 압류를 기재하면 된다.

(ㄹ) '기타사항' 란에는 갑구, 을구를 기재를 기재하거나, 여러 필지인 경우에는 필지를 기재하면 된다.

어려운 것 없이 기재가 가능할 것이다.

말소할 목록이 아닌 항목은 다음과 같다.

① 소유권 보존등기
② 소유권 이전등기
③ 말소된 권리 (빨간 줄이 그어져 있다)
④ 부기등기

실제 경매 물건의 등기부 내용을 토대로 말소할 목록을 작성해보도록 하자.

사례 1) 토지의 경우(1필지)

순위번호	등 기 목 적	접 수	등 기 원 인	권리자 및 기타사항
6	강제경매개시결정	2019년11월1일 제52444호	2019년11월1일 부산지방법원의 강제경매개시결 정 (2019타경 ▮▮)	채권자 주식회사 케이비국민카드 110111-4546523 서울 종로구 세문안로3길 30 (내수동) (채권관리부)

【 을　　　구 】 (소유권 이외의 권리에 관한 사항)

기록사항 없음

-- 이 하 여 백 --

관할등기소 부산지방법원 부산진등기소

주요 등기사항 요약 (참고용)

[주 의 사 항]

본 주요 등기사항 요약은 증명서상에 말소되지 않은 사항을 간략히 요약한 것으로 증명서로서의 기능을 제공하지 않습니다.
실제 권리사항 파악을 위해서는 발급된 증명서를 필히 확인하시기 바랍니다.

고유번호 1841-1996-10508

[토지] 부산광역시 ▮▮▮▮▮▮

1. 소유지분현황 (갑구)

등기명의인	(주민)등록번호	최종지분	주　　　　소	순위번호
▮▮▮▮ (소유자)	▮▮▮▮-*******	단독소유	▮▮▮▮▮▮▮▮▮	1

2. 소유지분을 제외한 소유권에 관한 사항 (갑구)

순위번호	등기목적	접수정보	주요등기사항	대상소유자
6	강제경매개시결정	2019년11월1일 제52444호	채권자 주식회사 케이비국민카드	▮▮▮▮

3. (근)저당권 및 전세권 등 (을구)
  - 기록사항 없음

[참 고 사 항]
  가. 등기기록에서 유효한 지분을 가진 소유자 혹은 공유자 현황을 가나다 순으로 표시합니다.
  나. 최종지분은 등기명의인이 가진 최종지분이며, 2개 이상의 순위번호에 지분을 가진 경우 그 지분을 합산하였습니다.
  다. 지분이 통분되어 공시된 경우는 전체의 지분을 통분하여 공시한 것입니다.
  라. 대상소유자가 명확하지 않은 경우 '확인불가'로 표시될 수 있습니다. 정확한 권리사항은 등기사항증명서를 확인하시기
      바랍니다.

부동산 등기부는 【표제부】, 【갑구】, 【을구】로 나누어져 있고, 【표제부】의 내용은 부동산의 주소, 지목, 면적 등을 표기하므로 말소할 권리와는 아예 관련이 없으니 신경 쓸 필요가 없다.

【갑구】는 보통 소유권에 관한 사항이 기재되는데 '**소유권 보존**'이나 '**소유권 이전**'은 말소할 목록이 아니며, 등기부에 **빨간색 줄**이 그어져 있는 것은 말소되었다는 표시이므로 신경 쓸 필요 없다.

【갑구】에서는 순위번호 6번인 강제경매개시결정 1건만이 말소할 목록이다.

【을구】는 소유권 이외의 권리 사항이 기재되는데 이 등기부의 경우에는 아무 권리가 없는 것으로 나오므로 말소할 목록이 없다.

따라서 【갑구】 순위번호 6번의 압류 1건만 말소할 목록이 되는 것이다.

참고로 순위번호 3-1번은 부기등기이기 때문에 말소할 목록이 아니다. 등기관의 직권 말소이기 때문이다. 따라서 **부기등기**를 말소할 목록에 기재해서 비용을 낭비하지 말자.

참고로 이러한 부기등기를 착각해 말소할 목록에 기재한다면, 등록면허세 1건당 7,200원과 등기신청수수료 말소 1건 3,000원의 합인 총 10,200원을 손해 보는 것이니 말소할 목록을 정확하게 작성하는 것은 매우 중요하다.

말소할 목록을 작성하는 경우 【갑구】와 【을구】에서 말소할 권리를 찾아 작성하는 방법보다는 '주요 등기사항 요약'을 참고해서 작성한다면, 더욱 쉽게 말소할 목록을 작성할 수 있을 것이다. '주요 등기사

요약'을 발급받는 방법은 69page를 참고하면 된다.

말소할 목록이 정해졌다면 파일(엑셀,한글 등)로 말소할 목록을 작성한다. 정해진 형식은 없지만, 접수연월일, 접수번호, 등기목적은 기재되어야 한다. 이 파일은 '경매 5종 세트 파일'에 있으니 활용하면 편리할 것이다.

말소할 등기의 표시 (말소할 목록)

No.	접수년월일	접 수 번 호	말소할 등기(등기목적)	기타사항
1	2019년 11월 1일	제52444호	강제경매개시결정	토지등기부 갑구

참고로 경매의 경우, **경매개시결정** 권리는 말소할 목록에 기재해서 말소해야 하나, 공매의 경우, **공매개시결정** 권리는 부기등기이기 때문에 말소할 목록에 기재하지 않아도 된다. 참고하도록 하자.

22	임의경매개시결정	2019년4월5일 제52444호	2019년4월5일 서울동부지방법원의 임의경매개시결정 (2019타경▨▨)	채권자 ▨▨▨▨▨▨ (강구리)

17	압류	2021년5월17일 제110709호	2021년5월17일 압류 (체납징세과-티32925)	권리자 국 처분청 금천세무서장
17-1	공매공고	2021년8월19일 제18546 호	2021년8월18일 공매공고 (한국자산관리공사 2021-▨▨-001	

이렇게 말소할 목록이 정확하게 작성되면 이 목록을 토대로 2가지를 진행한다. ① 등기신청수수료를 납부하고, ② 등록면허세를 신고·납부한다.

따라서 말소할 목록이 틀리면 등기신청수수료와 등록면허세 2가지의 금액이 틀리게 되므로 정확한 작성이 매우 중요하다.

① 이 경매 물건의 경우, 등기신청수수료 금액은 토지 1필지이고 말소할 목록이 1건이므로 15,000원 + 3,000원 = 18,000원이다. 등기신청수수료 납부 방법은 'PART 04. 등기신청수수료 납부 방법'에서 자세히 다룰 것이다.

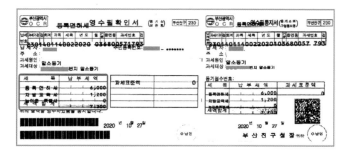

② 등록면허세의 경우에는 말소할 목록이 1건이므로, 등록면허세 6,000원과 지방교육세 20%인 1,200원의 합인 7,200원을 납부한 영수증이다.

등기신청수수료는 본인이 직접 계산해서 납부해야 하지만, 등록면허세는 취득세과에서 말소할 목록 건수에 해당되는 금액을 고지서를 통해 발급하기 때문에 계산하는 것이 아닌, 고지서에 부과되는 대로 납부하면 되는 것이다.

사례 2) 아파트의 경우

부동산 등기부 전체의 【갑구】와 【을구】에서 권리(채권)를 확인해 말소할 목록을 작성하는 것보다 다음과 같이 '주요 등기사항 요약'을 참고로 해서 말소할 목록을 작성하는 것이 편리하다. 권리사항(채권)이 일목요연하게 정리가 되어 있어 말소할 목록을 작성하는 데 매우 유용하다.

주요 등기사항 요약 (참고용)

[주 의 사 항]

본 주요 등기사항 요약은 증명서상에 말소되지 않은 사항을 간략히 요약한 것으로 증명서로서의 기능을 제공하지 않습니다.
실제 권리사항 파악을 위해서는 발급된 증명서를 꼭 확인하시기 바랍니다.

[집합건물] 부산광역시 해운대구 ▒▒▒▒▒▒▒   고유번호 1811-1996-19210

1. 소유지분현황 (갑구)

등기명의인	(주민)등록번호	최종지분	주　　　소	순위번호
▒▒▒	▒▒▒-*******	단독소유	▒▒▒▒▒▒▒▒▒	1

2. 소유지분을 제외한 소유권에 관한 사항 (갑구)

순위번호	등기목적	접수정보	주요등기사항	대상소유지
12	가압류	2019년9월9일 제56850호	청구금액 금73,989,669 원 채권자 주식회사 부산은행	박▒
13	가압류	2019년9월10일 제57192호	청구금액 금35,200,000 원 채권자 신용보증기금	박▒
14	가압류	2019년11월4일 제70585호	청구금액 금15,466,601 원 채권자 김▒▒	박▒
15	가압류	2019년11월7일 제72278호	청구금액 금4,400,000 원 채권자 주식회사 ▒▒▒▒	박▒
16	임의경매개시결정	2019년12월20일 제86282호	채권자 현대캐피탈 주식회사	박▒
17	압류	2019년12월24일 제87616호	권리자 해운대구(부산광역시)	박▒
18	압류	2020년4월7일 제39686호	권리자 국	박▒
19	압류	2020년6월1일 제57784호	권리자 국	박▒

3. (근)저당권 및 전세권 등 (을구)

순위번호	등기목적	접수정보	주요등기사항	대상소유지
19	근저당권설정	2019년6월11일 제36452호	채권최고액 금458,400,000원 근저당권자 현대캐피탈주식회사	박▒
21	근저당권설정	2019년6월14일 제37256호	채권최고액 금20,800,000원 근저당권자 김▒	박▒

등기부를 보면 박○○ 단독 소유이고, 채무자가 모두 전 소유자이므로 모든 채권 권리를 말소하면 되는 것이다. 등기사항 요약의 모든 채권을 모두 말소할 목록에 기재했다.

접수연월일과 접수번호, 그리고 등기목적을 기재하고 기타사항에서 【갑구】와 【을구】를 구분해 기재했다.

말소할 등기의 표시 (말소할 목록)

No.	접수년월일	접 수 번 호	말소할 등기(등기목적)	기타사항
1	2019년9월9일	제56850호	가압류	갑구
2	2019년9월10일	제57192호	가압류	갑구
3	2019년11월4일	제70585호	가압류	갑구
4	2019년11월7일	제72278호	가압류	갑구
5	2019년12월20일	제86282호	임의경매개시결정	갑구
6	2019년12월24일	제87616호	압류	갑구
7	2020년4월7일	제39686호	압류	갑구
8	2020년6월1일	제57784호	압류	갑구
9	2019년6월11일	제36452호	근저당권설정	을구
10	2019년6월14일	제37256호	근저당권설정	을구
11				

이렇게 말소할 목록이 정확하게 작성되면 이 목록을 토대로 ① 등기신청수수료를 납부하고, ② 등록면허세를 신고·납부한다.

① 등기신청수수료 금액은 부동산 소유권 이전 1건이고, 말소할 목록이 10건이므로 15,000원 + 30,000원(3,000원×10건) = 45,000원이다. 등기신청수수료 납부 방법은 'PART 04. 등기신청수수료 납부 방법'에서 자세히 다룰 것이다.

등기신청수수료 등 전자납부 납부내역서 (납부자보관용)			
등 기 소 명	▇▇지방법원 ▇▇지원 등기과	관 서 계 좌	035538
납 부 금 액	45,000원	납 부 번 호	21-00-00467916
납부의무자(납부인) 성명	이▇석	(주민)등록번호	▇▇▇▇-*******
결 제 유 형	신용카드		

위와 같이 등기신청수수료가 전자납부 방식으로 납부되었음을 확인합니다.

2021.01.

대한민국 법원 인터넷등기소 (1544-0770)

② 말소할 목록이 총 10건이므로 1건당 등록면허세 6,000원과 지방교육세 20%인 1,200원이 발생하므로 10건은 총 72,000원이다. 다음의 실제 납부한 등록면허세 납부 내역서 영수증을 참고하자.

과세표준:	0 원	시가표준액:	0 원
세 목	지방세	가산금	납 부 일
등록 면허세	60,000 원	0 원	
지방 교육세	12,000 원	0 원	2021년 01 월 24일
농어촌특별세	0 원	0 원	
계	72,000 원	0 원	

위 금액의 납부를 확인합니다.

2021 년 01 월 24 일

부동산 등기부의 '주요 등기사항 요약' 발급 방법

소유자 변동이 많거나 공유자가 많은 경우, 현재의 권리관계를 파악하기에 어려움이 있어 국민 누구나 등기부를 쉽게 이해할 수 있게 하는 사법 서비스로서, 2009년 1월 2일부터 개시되었다. 부동산 등기부를 발급받을 때 첨부 자료로서, 해당 등본에 공시하는 등기사항 중 현재 권리관계를 요약(소유 지분 현황, 갑구 사항, 을구 사항)한 것이다.

① 인터넷등기소에 접속해서 부동산 등기 부동산 등기 - 발급하기에서 해당 부동산 등기부 결제를 완료한 후, 다음과 같이 열람/발급/등기사항 요약 란에서 **요약에 체크**하고 발급을 클릭하면 된다.

② 키오스크(통합 무인발급기)를 통한 등기사항 요약표 발급 방법 역시 같은 방식으로 등기사항 **요약표 첨부에 체크**하고 발급받으면 된다.

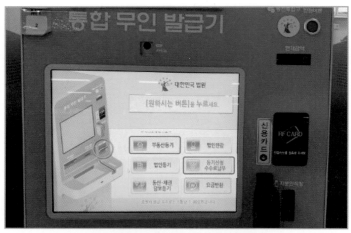

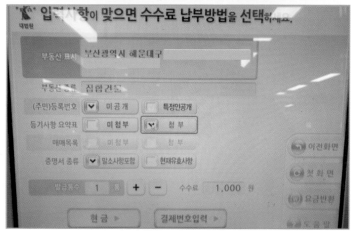

사례 3) 공유지분을 낙찰받았고 토지가 총 3필지인 경우

말소할 목록을 작성하는 경우, 자주 하게 되는 실수는 크게 2가지다.

첫 번째는 공유지분을 낙찰받은 경우, 경매 채무자에 해당하는 채권 권리만 말소해야 하나 간혹 경매와 관련이 없는 다른 공유자의 채권권 리까지 말소하는 경우가 있으니 주의를 요한다.

두 번째는 여러 필지를 낙찰받은 경우에 전체 필지의 권리를 말소해 야 하나 간혹 1개의 필지만 말소하는 경우이니 주의를 요한다.

필자 또한 첫 번째, 두 번째의 실수를 여러 번 한 적이 있으니 독자분 들은 주의해서 정확히 진행하도록 하자.

다음 3필지 토지의 지분 경매 물건으로, 공유자 여러 명의 지분 중에 서 ○○계 지분을 낙찰받은 경우다.

1. 소유지분현황 (갑구)

등기명의인	(주민)등록번호	최종지분	주　　　　소	순위번호
심 (공유자)	-*******	68분의 3	전라남도 영암군 시종면	2
순 (공유자)	-*******	68분의 2	서울 종로구 창신동	2
자 (공유자)	-*******	68분의 2	경기도 안양시 동안구	2
희 (공유자)		68분의 17	영암군 시종면 옥야리	1
봉 (공유자)		68분의 17	영암군 시종면 옥야리	1
호 (공유자)	-*******	68분의 2	강원도 원주시 태장동	2
금 (공유자)		68분의 17	영암군 시종면 옥야리	1
계 (공유자)	-*******	68분의 2	전라남도 영암군 시종면 옥야리	2
애 (공유자)	-*******	68분의 2	서울 노원구 월계동	2
례 (공유자)	-*******	68분의 2	광주광역시 북구 하서로	2
호 (공유자)	-*******	68분의 2	경기도 부천시 원미구 상동	2

2. 소유지분을 제외한 소유권에 관한 사항 (갑구)

순위번호	등기목적	접수정보	주요등기사항	대상소유자
3	가압류	2006년9월22일 제19032호	청구금액　금27,995,387원 채권자　월출산농업협동조합	계
4	압류	2007년5월15일 제12541호	권리자　부천시	호
5	가압류	2008년11월10일 제32194호	청구금액　금68,425,309 원 채권자　 농림수산업자신용보증기금관리기관농업협동조합중앙회	계
7	압류	2009년6월15일 제12430호	권리자 국	호
9	압류	2010년4월15일 제8359호	권리자 국	호
10	강제경매개시결정	2019년7월18일 제11834호	채권자　 농업협동조합중앙회(농림수산업자신용보증 기금관리기관)	계

　　따라서 3필지(산17-3, 산17-8, 산17-9)를 각각 등기부를 확인해 ○○계 지분에 해당하는 채권을 말소해야 한다. 말소할 목록은 필지마다 2건, 3건, 3건으로 총 8개 채권을 말소해야 한다.

　　해당 등기부는 3필지 중 1필지만의 등기부 내용이다.

　　다음과 같이 8건의 말소할 목록을 작성했다. 기타사항 란에 산17-3, 산17-8, 산17-9번지를 구분해 기재했다.

말소할 등기의 표시 (말소할 목록)

No.	접수년월일	접 수 번 호	말소할 등기(등기목적)	기타사항
1	2006년 9월 22일	제19032호	가압류	산 17-3 번지 갑구
2	2008년 11월 10일	제32194호	가압류	산 17-3 번지 갑구
3	2019년 7월 18일	제11834호	강제경매개시결정	산 17-3 번지 갑구
4	2006년 9월 22일	제19032호	가압류	산 17-8 번지. 갑구
5	2008년 11월 10일	제32194호	가압류	산 17-8 번지. 갑구
6	2019년 7월 18일	제11834호	강제경매개시결정	산 17-8 번지. 갑구
7	2006년 9월 22일	제19032호	가압류	산 17-9 번지 갑구
8	2019년 7월 18일	제11834호	강제경매개시결정	산 17-9 번지 갑구

① 등기신청수수료 금액은 부동산 3필지이고 말소할 목록이 총8건 이므로,

45,000원(15,000×3필지) + 24,000원(3,000원×8건) = 69,000원이다.

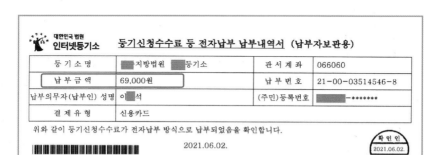

② 말소할 목록은 8건이므로 납부해야 할 금액은 8건 × 6,000원 = 48,000원이고, 이것의 20%인 9,600원을 더해 57,600원이 등록

면허세 금액이다.

동록면허세 영수필확인서 (등기용)

납세지: 이■석
과세원인: 말소등기
과세물건: 산 17-3번지 외 2 말소등기 외 /건

세목	납부세액		과세표준액	0
등록면허세	48,000		주택시가표준액	0
지방교육세	9,600		건물시가표준액	0
농어촌특별세	0		토지시가표준액	0
세액합계	57,600			

위의 금액을 영수하였음을 통지합니다.

2021 04 일

사례 4) 부기등기와 등기부의 권리변경이 있는 경우

다음의 등기사항 요약을 보면 갑구와 을구에 각각 순위번호 5-1, 1-3으로 2개의 부기등기가 보인다. 이 부기등기는 말소할 목록이 아니다. 괜히 말소할 목록에 기재해서 비용을 낭비하지 말도록 하자.

결론은 갑구의 임의경매개시결정, 을구의 근저당권설정 총 2건 말소를 하면 되는 것이다.

주요 등기사항 요약 (참고용)

───── [주 의 사 항] ─────

본 주요 등기사항 요약은 증명서상에 말소되지 않은 사항을 간략히 요약한 것으로 증명서로서의 기능을 제공하지 않습니다.
실제 권리사항 파악을 위해서는 발급된 증명서를 꼭 확인하시기 바랍니다.

고유번호 2011-2018-003558

[집합건물] 전라남도 목포시 창평동 8-2외 2필지 제2층 제202호

1. 소유지분현황 (갑구)

등기명의인	(주민)등록번호	최종지분	주　　　　소	순위번호
김▨▨▨ (소유자)	▨▨▨-*******	단독소유	경기도 ▨▨▨▨	4

2. 소유지분을 제외한 소유권에 관한 사항 (갑구)

순위번호	등기목적	접수정보	주요등기사항	대상소유자
5	임의경매개시결정	2019년8월22일 제29584호	채권자　농협은행주식회사	확인불가
5-1	임의경매경정	2019년11월25일 제41147호	목적 소유권일부(770.11분의557.55)임의경매개시결정	확인불가

3. (근)저당권 및 전세권 등 (을구)

순위번호	등기목적	접수정보	주요등기사항	대상소유자
1 (전 8)	근저당권설정	2001년4월26일 제21320호	채권최고액　금572,000,000원 근저당권자　농업협동조합중앙회	김▨▨▨
1-3	근저당권이전	2019년11월14일 제39613호	근저당권자　농업협동조합자산관리회사	김▨▨▨

　참고로 이러한 부기등기를 잘못해 말소할 목록에 기재한다면, 등록면허세 1건당 7,200원과 등기신청수수료 말소 1건 3,000원의 합인 총 10,200원을 손해 보게 된다(10건이면 10만 원으로, 큰돈이다).

　실제 작성한 말소할 목록에는 2건이 아닌, 3건으로 되어 있다. 왜 그럴까?

말소할 등기의 표시 (말소할 목록)

No	접수년월일	접 수 번 호	말소할 등기(등기목적)	기타사항
1	2019년8월22일	제29584호	임의경매개시결정	갑구
2	2001년4월26일	제21320호	근저당권설정	을구
3	2020년6월17일	제22093호	근저당권설정	을구

No.3 접수년월일이 2020년 6월 17일임을 알 수 있다. 앞의 등기내역과 아래의 등기사항 요약을 비교해보면, 임의경매개시결정 기입등기일(2019년 11월 25일) 이후에 새로운 권리(채권)가 발생되어 등기부에 등기되었음을 알 수 있다. 따라서 말소할 목록이 3건인 것이다.

주요 등기사항 요약 (참고용)

[주 의 사 항]

본 주요 등기사항 요약은 증명서상에 말소되지 않은 사항을 간략히 요약한 것으로 증명서로서의 기능을 제공하지 않습니다.
실제 권리사항 파악을 위해서는 발급된 증명서를 필히 확인하시기 바랍니다.

고유번호 2011-2018-003558

[집합건물] 전라남도 목포시 창평동 8-2외 2필지 제2층 제202호

1. 소유지분현황 (갑구)

등기명의인	(주민)등록번호	최종지분	주　　소	순위번호
김 (소유자)	■■■-*******	단독소유		4

2. 소유지분을 제외한 소유권에 관한 사항 (갑구)

순위번호	등기목적	접수정보	주요등기사항	대상소유자
5	임의경매개시결정	2019년8월22일 제29584호	채권자　농협은행주식회사	확인불가
5-1	임의경매경정	2019년11월25일 제41147호	목적 소유권일부(770.11분의557.55)임의경매개시결정	확인불가

3. (근)저당권 및 전세권 등 (을구)

순위번호	등기목적	접수정보	주요등기사항	대상소유자
1 (전 8)	근저당권설정	2001년4월26일 제21320호	채권최고액　금572,000,000원 근저당권자　농업협동조합중앙회	김■■■
1-3	근저당권이전	2019년11월14일 제396613호	근저당권자　농업협동조합자산관리회사	김■■■
2	근저당권설정	2020년6월17일 제22093호	채권최고액　금90,000,000원 근저당권자　■■■	김■■■

① 등기신청수수료 금액은 말소할 목록이 총 3건이므로,

15,000원 + 9,000원(3,000원×3건) = 24,000원이다.

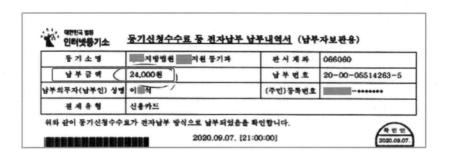

② 말소할 목록이 3건이므로 3개 × 6,000원 = 18,000원과 이것의
20%인 3,600원을 더한 21,600원이 등록면허세다.

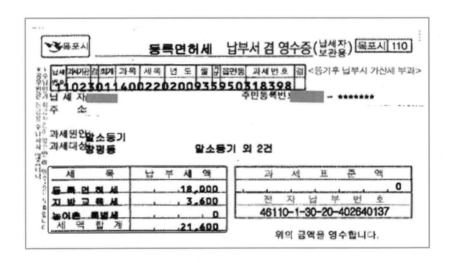

앞의 사례처럼 부동산 등기부에 경매개시결정 등기가 등재된 이후,
즉 경매가 진행 중이거나 매각이 결정되는 기간에도 언제든 채무자에
게 새로운 압류 등의 채권(권리)이 부동산 등기부상에 등재될 수 있다.

셀프등기를 진행하는 경우, 가장 최신의 등기부를 발급받아야 하기 때문에 채무자에게 새로운 권리가 등재되었더라도 확인이 가능하다. 새로운 권리를 확인했다면 말소할 목록에 기재해서 말소하면 아무 문제가 없다. 간단하게 해결이 가능하다.

⚠️ 주의

만약 말소할 목록에 말소해야 할 권리(채권) 기재를 누락했거나 집행법원이 말소촉탁을 누락시킨 경우, 말소되어야 할 압류 등의 권리가 말소되지 않을 때가 있다.

이런 경우에는 낙찰자는 말소할 목록을 작성해서 ① 등록면허세를 납부하고, ② 등기신청수수료를 납부하고, ③ 다시 해당 법원 경매계에 말소등기의 촉탁을 신청하면 된다.

단, 낙찰자가 등기소로 직접 말소신청을 할 수는 없다.

이제 충분히 경매 물건의 말소할 목록 작성을 할 수 있을 것이다. 말소할 목록에 대한 더 자세한 내용은 'PART 05. 말소할 목록 작성 시 자주 틀리는 3가지와 해결 방법'을 참조하면 된다.

이제 셀프등기의 다음 단계로 넘어가도록 하자.

지금까지 '셀프등기 순서 1장' 파일을 출력하고 공부 서류를 발급받아 '경매 5종 세트 서류' 파일을 작성했다.
그리고 말소할 목록 작성에 대해 자세히 알아보았다.

잔금 납부
- 경매계 직접 방문

낙찰받은 해당 법원을 방문해 잔금을 납부한다.

- **경매계 방문 준비물** : '법원보관금영수증', '대금지급기한통지서', 신분증

서류는 없어도 상관없지만, 신분증은 반드시 필요하다.

해당 법원 경매계에 방문해 잔금 납부 의사를 밝히면 신분을 확인한 후, '법원보관금납부명령서'를 내어준다. 이 서류를 지참해 은행에 방문해 잔금을 납부하면 된다.

은행에서 발급해주는 '법원보관금영수증'을 다시 해당 경매계에 제출하면 된다. 납부자용, 법원 제출용의 2장이며, 법원 제출용을 제출하면 된다.

법원보관금영수증

최고가매수인(낙찰)이 되면 매각 당일 법원에서 발급해주는 서류다.

잔금 납부하는 경우, 지참하지 않아도 무관하다.

영 수 증			
이█석외 2명의 대리인 이█석　귀하			
사건번호	물건 번호	부동산 매각 보증금액	비 고
2019타경█████	7	████████원	

위 금액을 틀림없이 영수 하였습니다.

2020.07.13

광주지방법원 목포지원 집행관사무소

집 행 관　████

대금지급기한통지서

대금지급기한통지서는 최고가매수인 집으로 송달된다. 대금지급기한 일은 미리 대법원경매 인터넷 사이트나 직접 경매계에 전화로 문의하면 알 수 있다. 보통 낙찰일로부터 30~50일 사이라고 생각하면 편하다.

잔금 납부하는 경우, 지참하지 않아도 무관하다.

[경매4계]

광주지방법원 목포지원
대금지급기한통지서

사 건	2019타경████ 부동산임의경매	
채 권 자	농협은행주식회사	
채 무 자	김███	
소 유 자	김███ 외 1명	
매 수 인	이█석 외 2	
매 각 대 금	████████원	

대 금 지 급 기 한	2020. 8. 27. 17:00 목포지원 216호(경매4계)

위와 같이 대금지급기한이 정하여졌으니 매수인께서는 위 지급기한까지 이 법원에 출석하시어 매각대금을 납부하시기 바랍니다.

2020. 7. 28.

법원주사보 ████████

주의 : 1.매수인이 매각대금을 납부한 후 소유권이전등기 등을 촉탁 신청할 때 수인의 공유자가 수인으로부터 지분의 전부 또는 일부를 이전받는 경우에는 등기촉탁신청서에 부동산별/등기권리자별로 각각의 이전받는 지분을 표시하여 주시기 바랍니다. (예) 매수인 갑 : 이전할 지분 공유자 ○○○의 지분 ○분의 ○(최종 이전할 지분), 공유자 □□□의 지분 ○분의 ○(최종 이전할 지분) 매수인을 : 이전할 지분 공유자 ○○○의 지분 ○분의 ○(최종 이전

법원보관금납부명령서

경매계에서 발급한 '법원보관금납부명령서'를 가지고 은행에 가서 잔금 납부를 하고 다시 경매계로 돌아와서 은행에서 받은 영수증을 제출하면 된다.

법원보관금납부명령서

법원코드	바코드	재판부번호
000412		1005

사 건 번 호	2019타경		물 건 번 호	1
납 부 금 액	금 503,195,813 원 (지연이자 및 절차비용 : 825,813)			
보관금 종류	매각대금			
납 부 기 한	2020.12.02 까지			

납부자	성 명		전 화	010-
	주민등록번호 (사업자등록번호)		우편번호	50650
	주 소			

대리인	성 명		전 화	
	주민등록번호 (사업자등록번호)		우편번호	
	주 소			

위의 보관금을 납부하시기 바랍니다.

2020. 12. 2.

부산지방법원 동부지원

사법보좌관

지연이자 및 절차 비용(825,813원)은 납부기한일 이후에 잔금을 납부했기 때문에 그 지연이자가 발생한 것이다. 지연이자 계산법은 연 12%의 지연이자로 계산하면 된다.

잔금 미납의 지연이자 계산법 등에 관한 자세한 내용은 필자의 전작인 《부동산 경매· 공매 특수물건 투자 비법》에서 확인할 수 있다.

법원보관금 영수필통지서

잔금을 납부하면 은행에서 다음과 같이 '법원보관금 영수필통지서'를 발급해준다. 2장으로 되어 있으며, 법원 제출용은 경매계에 제출하고, 납부자용은 취득세과에 팩스를 보낼 때 필요하다.

잔금을 납부하고 위 '법원보관금영수증'을 경매계에 제출하면 최종 적으로 경매계에서 '매각대금완납증명서', '부동산의표시' 서류를 발급 해준다. 법원마다 다르지만 '매각대금완납증명서' 대신 '매각허가결정정본' 서류를 발급해주는 경우도 있고, 2개 다 발급해주는 법원도 있다. 아무 문제는 없고 발급해주는 서류는 잘 챙겨서 취득세과에 팩스를 보낸 후, 법원에 최종적으로 등기우편 보낼 때 잘 챙겨서 제출하면 된다.

법원에서 잔금 납부가 끝났다면 개인적인 상황에 따라 다음 단계를 진행해도 되지만, 보통은 집으로 돌아오거나 다른 볼일이 있다면 그 일을 하면 될 것이다.

따라서 실제 잔금 납부의 시간은 약 5~10분밖에 걸리지 않는다.

잔금 납부와 동시에 서류 열람을 하거나 해당 경매 물건에 인도명령 신청을 신청하는 경우에는 시간은 더 소요될 것이다.

셀프등기의 다음 단계로 넘어가도록 하자.

매각대금완납증명원

사   건   2019타경██████ 부동산강제경매

채 권 자   ████

채 무 자   ████

소 유 자   채무자와 같음

위 사건에 관하여 다음 사항을 증명합니다.

■ 다   음 ■

매 수 인 : 이█석 외 2 ████████████

매각대금 : 금   92,120,000원

매각대금 완납일 :   2020. 8. 14.

매각물건의 표시 :   별지기재 부동산표시와 같음

2020. 8. 14.

대구지방법원 포항지원

법원주사보   ████

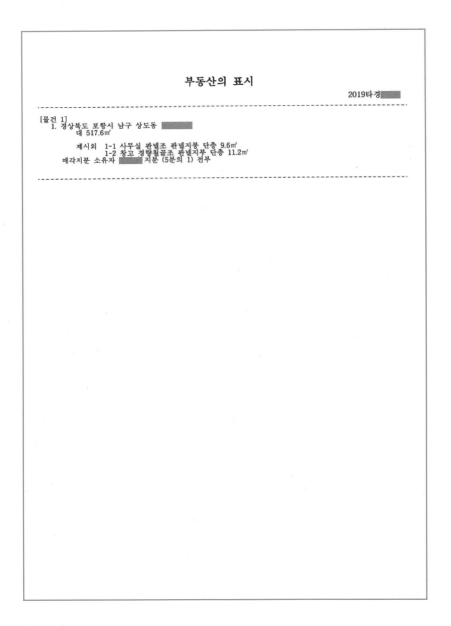

부동산의 표시

[물건 1]
  1. 경상북도 포항시 남구 상도동 ████
        대 517.6㎡

        제시외 1-1 사무실 판넬조 판넬지붕 단층 9.6㎡
               1-2 창고 경량철골조 판넬지붕 단층 11.2㎡
        매각지분 소유자 ████지분 (5분의 1) 전부

※ 이 부동산의 표시 파일은 향후 민사소송을 진행하는 경우에도 필
  요한 서류이기 때문에 필히 챙겨두면 좋다.

창원지방법원 밀양지원

매각허가결정

사　　　건　　　2015타경███ 부동산강제경매

정본입니다.

2020. 1. 31.

법원주사 ███

최고가매수신고인　███████████

매각가격　███████ 원

별지 기재 부동산에 대하여 최고가로 매수신고한 위 사람에게
매각을 허가한다.

2019. 12. 30.

사법보좌관　████

※ 각 법원 민원실에 설치된 사건검색 컴퓨터의 발급번호조회 메뉴를 이용하거나, 담당 재판부에 대한 문의를 통
　하여 이 문서 하단에 표시된 발급번호를 조회하시면, 문서의 위, 변조 여부를 확인하실 수 있습니다.

0-0160245064-FA1C3　　　　　　　　위변조 방지용 바코드 입니다.　　　　　　　　1 / 2

잔금 납부를 할 때, 매각대금완납증명서 등을 발급해주는 법원의 경우에는 500원 인지 제출을 요청한다. 이 경우, 인지를 은행에서 구입해서 제출하면 된다. 매우 간단하다.

4. 한편, 재판기록 열람·복사 규칙 제3조에서는 "사건에 관한 사항의 증명서의 교부, 집행문 부여에 관하여는 다른 법령에 특별한 규정이 있는 경우를 제외하고는 이 규칙이 정하는 바에 의한다."라고 규정하고 있고 동규칙 제4조 제1항 제3호에 의하면 "사건에 관한 증명서의 교부의 경우 1건마다 500원"으로 정하고 있습니다.

5. 당사자나 이해관계를 소명한 제3자는 소송에 관한 증명서의 교부를 법원사무관등에게 신청할 수 있는데(민사집행법 제23조 제1항, 민사소송법 제162조 제1항), 매수인이 매각대금완납증명원의 교부를 신청하는 경우 위 4.항에 따른 신청수수료로 인지대 500원을 납부하여야 합니다. 감사합니다. 끝.

TIP 법원 경매계에 잔금 납부하는 방법

법원 경매계에 잔금 납부을 위해 방문했을 경우, 다음과 같이 하면 편리하다.

① 경매 접수계나 민원접수과에서 필히 '소유권 이전등기 촉탁신청서'를 발급받는다.

② '우표' 값과 우표의 개수를 정확히 물어본다.

소유권 이전을 하는 부동산 주소지에 따라 우표 값이 다르고 법원 등기소의 유무에 따라서도 필요한 우표 개수가 달라지니 반드시 문의하도록 하자. 필자 또한 이 우표 값을 틀린 적이 여러 번 있으니 독자분들은 필히 정확히 문의하도록 하자.

③ 이외에도 서류 열람 및 인도명령신청을 해야 한다면 미리 서류를 준비해서 법원에 방문해 진행하는 것이 여러모로 편리하다.

취·등록세 고지서를
팩스로 받은 후 납부

잔금 납부를 끝마치면 집으로 돌아와서 다음 단계를 진행하자.

미리 작성한 '경매 5종 세트' 파일 중에서 ① **'취득세 신고서'**, ② **'등록면허세 신고서'**, ③ **'말소할 목록'**의 3개 파일과 잔금 내고 법원 경매계에서 받은 ④ **'매각대금완납증명서'**, ⑤ **'부동산의표시'**와 은행에서 발급받은 ⑥ **'법원보관금 영수증'**을 부동산 취득세과(세무과)에 팩스로 보내면 된다. 법원에서 **'매각허가결정정본'**을 발급했다면 이 서류도 같이 팩스로 보내면 된다. 간혹, 취득세과에서 주민등록증을 요구하거나 다른 서류를 요구하는 경우도 있다.

◆ 팩스 보낼 서류 List ◆

① 취득세 신고서

② 등록면허세 신고서

③ 말소할 목록

④ 매각대금완납증명서 (매각허가결정정본)

⑤ 부동산의 표시

⑥ 법원보관금 영수증

취득세와 등록면허세는 지방세이므로 신고·납부는 부동산 소재지의 시·군·구청의 부동산 취득세과에서 진행하면 된다.

예를 들어,

① 경북 군위군 군위읍 외량리 물건을 낙찰받고 셀프등기 시에는 경북 군위군청의 부동산 취득세과에서 진행하면 되고,

② 전남 목포시 창평동 물건은 목포시청 부동산 취득세과,

③ 경북 포항시 남구 상도동 물건은 포항시 남구청 부동산 취득세과이다.

직접 시·군·구청의 부동산 취득세과로 찾아가서 셀프등기를 하는 것은 너무나도 비효율적이기 때문에 직접 해당 시·군·구청의 부동산 취득세과에 전화를 걸어서 팩스로 신고서를 접수하고, 고지서 역시 팩스로 받기를 요청하면 된다.

이와 같이 하면 대부분은 요청을 들어준다. 간혹 팩스로는 고지서 발급은 어렵고 신고서를 등기우편으로 보내면 서류를 보고 고지서를 발급해주겠다는 지자체도 있으니 참고하자.

대부분의 지자체에서는 팩스로 해주는 편이다. 대신 실물 서류는 꼭 등기우편으로 취득세과에 보내도록 하자.

팩스를 보내고 팩스로 고지서를 받게 되면 2가지를 확인해야 한다.

첫째, 취득세와 등록면허세의 금액이 맞는지 확인해야 한다. 그 금액이 틀리다면 즉시 전화로 문의하면 된다.

둘째, 필히 등록면허세 고지서가 팩스로 왔는지 확인해야 한다.

간혹 취득세과에서 취득세 고지서만 부과하는 경우가 있다. 이런 경우, 즉시 전화 연락을 해 등록면허세 고지서를 부탁해야 한다.

참고로 '경매 5종 세트' 파일 중 '취득세 및 등록세 신고서' 파일 하단에 큰 글씨로 "말소등록세 고지서도 함께 송부해주시기 바랍니다(말소건수 : ○○건)"라고 기재되어 있는 것은 많은 경험에 의한 필자의 노하우라고 하겠다.

고지서가 팩스로 왔다면 위택스(이택스)에도 취·등록세 고지서가 생성되어 있다. 위택스 홈페이지(www.wetax.go.kr)에 납부하기를 클릭하면 취득세와 등록면허세 금액이 나와 있으니 인터넷으로 납부하면 된다.

납부한 후 납부영수증은 2부씩 인쇄하는 것도 하나의 팁이다. 1부는 촉탁등기를 위해 사용하고, 나머지 1부는 향후 부동산 매매를 하는 경우 양도소득세 절감을 위한 필요 경비로 사용해야 하기 때문이다. 그러니 필히 2부씩 인쇄해야 한다.

물론 위택스를 통한 납부가 아닌 다른 방법으로 납부해도 상관없다. 고지서를 출력해서 은행창구에서 납부하거나 신용카드로 ATM 기기에서 납부하는 방법 또는 인터넷 은행 홈페이지에서 납부 등의 다양한 방법이 있지만, 셀프등기의 취지에 맞게 위택스를 통한 납부 방법을 추천한다.

모바일 팩스 앱

셀프등기를 진행하면 모바일 팩스는 선택이 아닌 필수다. 활용도가 매우 높은 앱이다. 이 외에도 경·공매를 하면서 활용도가 높은 앱은 많다. 항상 변화에 적응하도록 하자. 필자도 경매·공매의 부동산 투자에 관련된 앱 제작에 관심이 많다.

이제 취득세와 등록면허세를 납부했으니 셀프등기의 다음 단계로 넘어가도록 하자.

지금까지 '셀프등기 순서 1장' 파일을 출력하고 공부 서류를 발급받아 '경매 5종 세트 서류' 파일을 작성했다(말소할 목록 작성).

그리고 잔금 납부를 했고 취득세와 등록면허세를 납부했다.

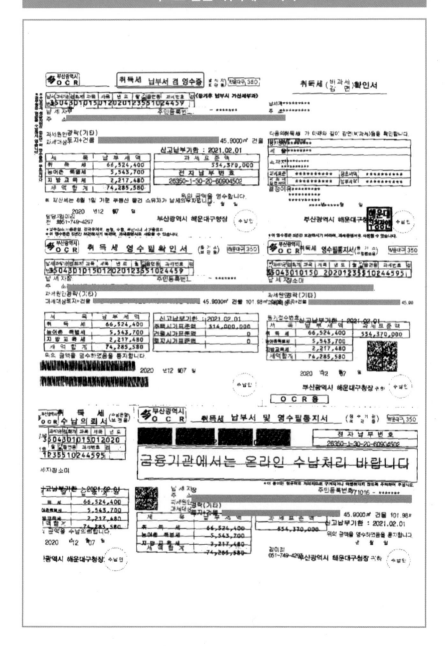

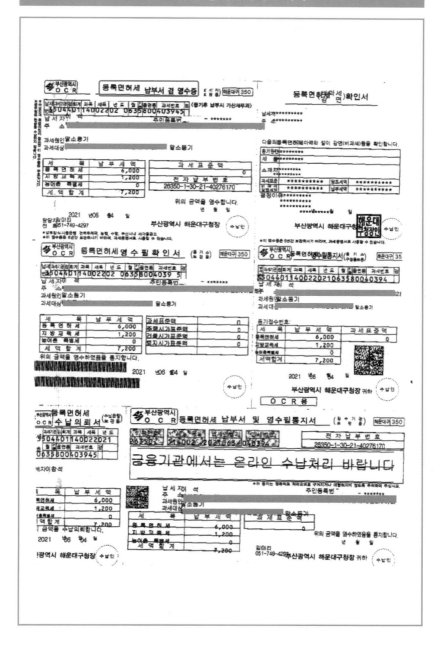

위택스 홈페이지에서 아래와 같이 납부하기를 클릭하면 납부해야 할 취득세와 등록면허세의 고지서가 검색되며, 이를 납부하면 된다.

	세목	구분	납세자명	금액	납기일	관할자치단체	전자납부번호
☐	등록면허세(등록)	신고	▬	▬원	무관	부산 부산진구	26230-1-30-21-9-0386581
☐	취득세(부동산)	신고	▬	▬원	21.08.23	부산 부산진구	26230-1-30-21-9-0386580

납부한 후, 납부 결과 - 납부 확인서를 클릭해 영수증을 2부 출력해서 1부는 법원에 제출하고, 1부는 향후 양도소득세 필요 경비로 사용하면 된다.

취득세(등록면허세) 납부확인서

납세번호	기관	검	회계	파목	세목	과세연도	월	구분	읍·면·동	과세번호	검
	730	6	30	101	501	2021	04	3	350	008308	5

전자납부번호   48730-1-30-21-▮▮▮▮▮

성명(법인명): ▮▮▮▮   주민(법인·외국인)등록번호: ▮▮▮▮-*******

주소(영업소): ▮▮▮▮▮▮▮▮

등기(등록) 원인: 경락(기타)

등기(등록) 물건: 토지 ▮▮▮▮▮▮▮▮ 번지 66.0000㎡ 경락공매

과세표준: 4,370,000 원   시가표준액: 6,500,131 원

세 목	지방세	가산금	납 부 일
취 득 세	43,700 원	0 원	
지방 교육세	4,370 원	0 원	2021년 06 월 04일
농어촌특별세	8,740 원	0 원	
계	56,810 원	0 원	

위 금액의 납부를 확인합니다.

2021 년 06 월 25 일

함   안   군

담당자	조	전화번호	055- 580-▮▮▮

취득세(등록면허세) 납부확인서

납세 번호	기관	검	회계	과목	세목	과세연도	월	구분	읍·면·동	과세번호	검
	730	6	30	114	002	2021	04	3	350	007449	1

전자납부번호	48730-1-30-21-8-

성명(법인명): 　　　　　　　　　　　주민(법인·외국인)등록번호: 　　　-*******

주소(영업소): 　　　　　

등기(등록) 원인: 말소등기

등기(등록) 물건: 　　　　　번지 말소등기 외 2건

과세표준: 　　0 원　　　　　시가표준액: 　　　0 원

세 목	지방세	가산금	납 부 일
등록 면허세	18,000 원	0 원	
지방 교육세	3,600 원	0 원	2021년 06 월 04일
농어촌특별세	0 원	0 원	
계	21,600 원	0 원	

위 금액의 납부를 확인합니다.

2021 년 06 월 25 일

함 안 군

담당자		전화번호	055- 580-

TIP 취득세, 등록면허세 기초 지식

취득세

과세 대상 물건(토지, 건축물, 차량 등)을 취득한 자는 취득세의 납세자다. 취득세의 과세 표준은 경매 낙찰 가격이다. 단, 대항력 있는 임차인의 보증금을 인수하는 경우에는 그 보증금 금액 또한 취득세를 부과한다.

과세표준 : 취득자가 신고한 취득 당시의 가액. 단 신고가액이 없거나 신고가액이 시가 표준액보다 적을 때는 그 시가표준액으로 함

※ 국가 등과 거래, 수입, 공매, 판결문, 법인장부, 실거래가 신고·검증 등으로 사실상 취 득가격이 입증되는 경우는 그 가격을 과표로 바로 적용

신고납부 : 과세 대상 물건을 취득한 날로부터 60일 이내에 관할 구청에 신고하고 납부 해야 하며, 신고·납부하지 않을 경우, 신고·납부 의무 위반 정도에 따라 10~40%의 가 산세를 부과한다.

지방세 납세자가 지정된 기한까지 지방세를 완납하지 않은 경우, 체납자에게 독촉하고 재산을 압류한 후, 압류한 재산을 공매해 그 매각대금으로 체납된 지방세를 징수합니 다. (취득세, 등록면허세 모두 해당)

등록면허세

재산권과 그 밖의 권리 설정·변경·소멸에 관한 사항을 공부에 등기·등록할 때 부과하는 지방세로서, 공부에 등기·등록을 하는 자가 납세자다.

부동산 등기부에 있는 채권을 말소하기 위한 비용이라고 생각하면 좀 더 이해가 쉬울 것이다. 비용은 6,000원과 20%의 지방교육세 1,200원을 합해서 1건당 총 7,200원이 발생한다. 즉, 말소할 목록이 1건이라면 등록면허세는 6,000원과 지방교육세 1,200원 의 합인 7,200원이다.

취득세, 등록면허세를 납부하는 다른 방법

취득세, 등록면허세를 납부하는 방법에는 여러 방법이 있지만, 추천하는 것은 위택스에 접속해 인터넷으로 편하게 납부하는 방식이다. 하지만 상황에 따라 다른 방법 또한 언제든 가능할 것이다. 자신의 상황에 맞게 납부하면 될 것이다.

1. 은행 ATM(현금자동인출기) 기기를 이용하는 방법

ATM 기기 화면에서 국세/지방세를 클릭한 후 지방세를 납부하면되는 방식으로 매우 간편하다.

ATM 기기에서 취득세, 등록면허세를 납부하고 영수증을 출력한다. 이 영수증으로는 법원에 제출할 수 없으므로 이 영수증을 지참해 은행창구를 방문해서 취득세, 등록면허세 고지서에 은행의 수납확인필 도장을 받은 후에 제출해야 한다.

ATM 영수증

고지서에 수납확인필 도장을 받아야 함

간혹 은행창구에서 수납확인필 도장을 찍어주지 않은 경우가 있을 것이고 이럴 경우에는 다음과 같은 방법을 사용하면 된다.

위택스 홈페이지에 접속하면 아래와 같이 전자납부번호 19자리를 기재하고 조회를 클릭하면 본인의 생년월일을 기재한 후 검색을 클릭하면, 납부확인서를 출력할 수 있다.

로그인이 필요없기 때문에 매우 유용하다. 즉, 어떤 컴퓨터에서도 로그인 없이 사용가능한 방법이니 유용할 것이다.

납부영수증을 클릭해서 법원경매계에 제출

참고로, 전자납부번호 19자리는 고지서에 기재되어 있다.

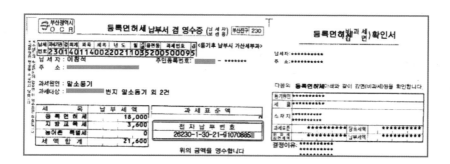

2. 은행 홈페이지에서 납부하는 방법

은행 홈페이지에 접속해 공과금 항목에서 공과금조회/납부를 클릭해서 납부하는 방식으로 매우 간편하다.

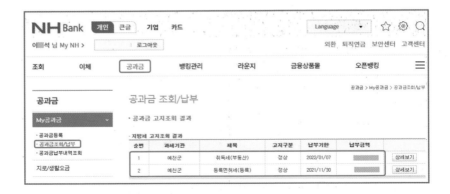

참고로, 취득세, 등록면허세 신고 방법도 팩스가 아닌 위텍스에서 직접 신고하는 방법이 있으나 전 소유자의 인적사항(주민등록번호 등)을 알아야 하고, 파일은 JPG만 가능하며, 파일만 3개 첨부할 수 있는 등의 불편함이 있기 때문에 책에는 기재하지 않고 필자의 블로그에 방법 글을 올렸으니 참고하며 된다.

여러모로 취·등록세 신고와 납부는 위텍스로 하는 것이 여러모로 편리할 것이다.

등기신청수수료 납부, 국민주택채권 매입

전(前) 단계에서 취·등록세를 납부했다면, 다음 단계인 등기신청수수료를 납부하고 국민주택채권을 매입하면 셀프등기가 마무리된다.

등기신청수수료 납부와 국민주택채권 매입은 중요한 부분이라 따로 PART 04와 PART 06으로 나누어서 자세히 설명하도록 하겠다.

우표, 대봉투 구입 및
최종 서류 정리

등기신청수수료와 국민주택채권 매입까지 완료했다면, 이제 우체국에 방문해서 우표와 대봉투를 구입하고 촉탁신청서 서류를 정리해서 해당 법원 경매계로 우편등기를 보내면 셀프등기가 최종 완료된다.

꼭 '실행'을 통해 경매 셀프등기를 직접 해보도록 하자. 충분히 누구나 쉽게 따라할 수 있을 것이다.

우표(선납라벨), 대봉투 구입 및 최종 서류에 관한 내용은 따로 PART 07에서 자세히 설명하도록 하겠다.

PART
04

등기신청수수료
납부 방법
– '인터넷등기소 홈페이지'

등기를 하려는 사람은 대법원규칙으로 정하는 바에 따라 수수료를 납부해야 한다.

등기신청수수료(구 등기수입증지)

등기신청수수료의 납부는 ① 그 수수료 납부 영수증을 등기신청서에 붙여 제출하거나, ② 현금 수납 금융기관에 현금으로 납부하거나 인터넷뱅킹을 이용해 납부한 후, 이를 증명하는 서면을 등기신청서에 첨부해 제출하는 방법으로 해야 한다. 다만, 2013년 5월 1일 자로 국민 편의의 증진과 행정업무의 효율성 제고를 위해 현물 방식의 등기수입증지가 폐지되고, 은행 현금 납부, 인터넷등기소 전자 납부, 수수료 납부 기능이 있는 무인발급기 납부 방식으로 등기신청수수료 납부 방법이 변경되었다.

등기신청인, 대리인신청

등기신청 시 신청수수료는 등기신청인이 납부해야 한다.

대리인도 등기신청인의 인적 사항(성함, 주민등록번호)을 기재해 납부가 가능하다.

부동산 등기신청수수료액표

부동산 등기신청수수료액표를 참조하면 소유권 이전등기 수수료는 15,000원, 말소등기는 3,000원이다.

등기신청수수료
납부 방식 3가지

1. 인터넷으로 납부

대법원 인터넷등기소(www.iros.go.kr)에 회원으로 가입해 전자 납부 방식으로 납부한 후, 출력한 영수필확인서를 등기신청서에 첨부해 제출하면 되며 필자가 추천하는 방법이다.

2. 키오스크(무인발급기) 납부

등기과(소)에 설치된 무인발급기를 이용해 납부한 후, 출력된 영수필확인서를 등기신청서에 첨부해 제출하면 된다. 단, 무인발급기는 수수료 수납 기능이 있어야 하며, 2021년 7월 16일부터 카드 결제도 가능하다.

3. 은행에서 납부

등기신청수수료 납부가 가능한 은행에 직접 방문해 납부한 후, 은행에서 발급받은 등기신청수수료 영수필확인서를 등기신청서에 첨부해 제출하면 된다.

추천하는 것은 1번으로 대법원 인터넷등기소(http://www.iros.go.kr)에 접속해 인터넷으로 편하게 납부하는 방식이다. 하지만 상황에 따라 다른 방법 또한 언제든 가능할 것이다. 자신의 상황에 맞게 납부하면 될 것이다.

부동산 투자 및 경매·공매 투자를 하다 보면 행정적인 부분은 시대에 따라 계속해서 개선되고 변하기 때문에 정답은 없을 것이다. 가장 실무와 이론이 잘 어우러져 있는 것을 선택하는 것이 최선의 선택이다.

등기신청수수료
금액 계산

등기신청수수료는 등기신청인이 납부해야 한다. 대리인도 등기신청인의 인적사항(성함, 주민등록번호)을 기재해 납부가 가능하다.

등기사항증명서 등 수수료 규칙

제5조의2(부동산 등기 신청수수료)

① 다음 각 호의 1에 해당하는 부동산 등기의 신청(촉탁을 포함한다. 이하 같다)수수료는 매 부동산마다 15,000원으로 한다.

② 제1항의 경우를 제외한 나머지 부동산 등기의 신청수수료 및 한국주택금융공사가 '한국주택금융공사법' 제28조의 규정에 의하여 취득한 저당권에 대하여 위 공사를 등기권리자로 하는 저당권이전등기의 신청수수료는 매 부동산마다 3,000원으로 한다.

등기신청수수료는 소유권 이전등기 촉탁신청 비용과 (근)저당권 등의 채권을 말소하기 위한 신청 비용이며, 부동산 등기신청수수료액표를 참조하면 소유권 이전등기 수수료는 15,000원, 말소등기는 3,000원이다.

등기신청수수료 금액은 다음과 같이 계산하면 된다.

소유권 이전 수수료 1필지당 15,000원에

말소할 목록 건당 3,000원을 계산한 금액을 위 금액에 합하고

그 금액이 최종 등기신청수수료의 금액이 된다.

즉, 1개 필지를 소유권 이전 하고, 말소할 목록이 1건이라면,

등기신청수수료 금액은,

1개 필지 소유권 이전수수료 15,000원에

말소할 목록(말소할 권리)이 1건이므로

1건 × 3,000원 = 3,000원이고, 위 금액과 합인 18,000원이

최종 등기신청수수료 금액이 된다.

5가지 유형을 통해 등기신청수수료 금액을 계산해보자

ex 1 부동산 1필지를 낙찰받아 말소할 목록이 11건이라고 가정하면, 소유권 이전을 위한 등기신청수수료 금액은 15,000원(소유권 이전 1필지 금액) + 33,000원(말소할 목록 11건 × 3,000원) = 48,000원

48,000원이 등기신청수수료로 납부해야 할 금액이다.

ex 2 부동산 1필지를 낙찰받아 말소할 목록이 2건이라고 가정하면, 소유권 이전을 위한 등기신청수수료 금액은 15,000원(소유권 이전 1필지 금액) + 6,000원(말소할 목록 2건 × 3,000원) = 21,000원

21,000원이 등기신청수수료로 납부해야 할 금액이다.

ex 3 부동산 4필지를 낙찰받아 말소할 목록이 각 필지마다 11개라고 가정하면, 소유권 이전을 위한 등기신청수수료 금액은 2가지 방식으로 계산하면 된다.

① 총 4필지이므로 60,000원(15,000×4필지) + 132,000원(말소할 목록 11건×3,000원×4필지) = 192,000원

② 한 필지씩 15,000원 + 33,000원(말소할 목록11건×3,000원) = 48,000원×4필지 = 192,000원

①, ② 두 방식 모두 192,000원이고, 편한 방식을 사용하면 될 것이다. 중요한 것은 정확한 계산일 것이다.

ex 4 부동산 2필지를 낙찰받아 말소할 목록이 한 필지는 1건, 한 필지는 2건이라고 가정하면, 소유권 이전을 위한 등기신청수수료 금액은,

한 필지 15,000원 + 3,000원(1건)과

한 필지 15,000원 + 6,000원(2건)을 합한 금액이다.

18,000원 + 21,000원 = 39,000원이다.

ex 5 1필지의 토지와 1개의 건물인 주택인 경우, 말소할 목록은 토지 1건, 건물 1건으로 총 2건으로 가정하면 등기신청수수료 금액은,

30,000원(15,000×2개 부동산) + 6,000원(말소할 목록2건×3,000원) = 36,000원

36,000원이 등기신청수수료 금액이다.

PART 04 · 등기신청수수료 납부 방법 - '인터넷등기소 홈페이지' 117

주의해야 할 것은 낙찰받은 부동산이 여러 필지인 경우다. 여러 필지를 한 개의 경매·공매 물건으로 매각하는 경우, 간혹 등기신청수수료를 1필지만 계산하고 제출하는 실수를 한다.

결국 반려되어 수정을 하게 된다면 시간을 들여 다시 신고·납부를 해야 하므로 여러 필지를 낙찰받고 셀프등기 진행 시에는 계산에 정확함을 요한다.

※ 참고

촉탁등기의 경우, 수수료 인하의 특례는 적용받지 않으니 참고하면 된다.

> 또한 등기사항증명서등 수수료 규칙 5조5의 전자신청등에 의한 등기신청수수료의 특례는 신청만을 대상으로 하고 전자촉탁에는 규정이 없으므로 촉탁에 의한 등기신청수수료 등기사항증명서 등 수수료규칙 제5조의2(부동산 등기 신청수수료) 서면신청에 관한 것만 적용가능하고 특례에 해당하지 않음을 알려드립니다.

부동산등기신청수수료액

(「등기사항증명서 등 수수료규칙」 제5조의2에 의한 등기신청의 경우)

등 기 의 목 적		수수료	비 고
1. 소유권보존등기		15,000원	
2. 소유권이전등기		15,000원	
3. 소유권 이외의 권리설정 및 이전등기		15,000원	
4. 가등기 및 가등기의 이전등기		15,000원	
5. 변경 및 경정등기 (다만, 착오 또는 유루발견을 원인으로 하는 경정등기신청의 경우는 수수료 없음)	가. 등기명의인 표시	3,000원	행정구역.지번의 변경, 주민등록번호(또는 부동산등기용등록번호) 정정의 경우에는 신청수수료 없음
	나. 각종권리	3,000원	
	다. 부동산표시	없 음	
6. 분할.구분.합병등기		없 음	대지권에 관한 등기는 제외 (각 구분건물별 3,000원)
7. 멸실등기		없 음	
8. 말소등기		3,000원	예고등기의 말소등기 경우에는 신청수수료 없음
9. 말소회복등기		3,000원	
10. 멸실회복등기		없 음	
11. 가압류.가처분등기		3,000원	
12. 압류등기 및 압류말소등기 (체납처분 등 등기)	가. 국세. 지방세	없 음	
	나. 의료보험 등 공과금	3,000원	
13. 경매개시결정등기. 강제관리등기		3,000원	
14. 파산.화의.회사정리등기		없 음	
15. 신탁등기	가. 신탁등기	없 음	
	나. 신탁등기의 변경, 말소등기 등 신탁관련 기타 등기	없 음	
16. 환매권등기	가. 환매특약의 등기 및 환매권 이전등기	15,000원	
	나. 환매권 변경. 말소 등 환매권 관련 기타 등기	3,000원	
17. 위에서 열거한 등기 이외의 기타 등기		3,000원	

인터넷 납부

등기신청수수료 납부 방법 단계별 설명

단계별 순서는 아래와 같이 간단하다.

대법원 인터넷등기소(www.iros.go.kr) 접속 – 전자 납부 클릭 – 납부 정보 작성 및 영수필확인서 출력 클릭 – 납부 정보 작성 중 클릭 – 신규를 클릭해 해당 등기소를 지정하고 수수료 금액을 기재한 후 결제하면 된다.

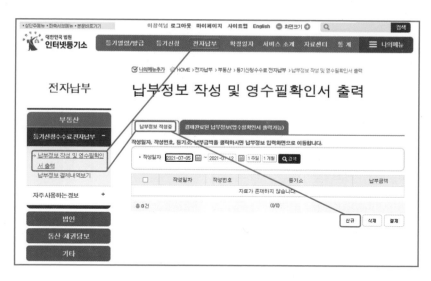

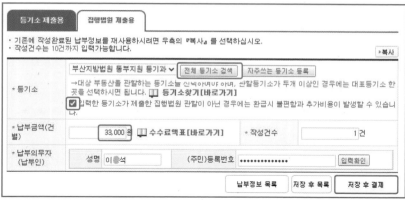

집행법원 제출용을 클릭한 후, 해당 부동산 주소지 관할 등기소를 지정하고 수수료 금액을 기재한 후, 최종적으로 저장을 하고 결제를 클릭해 납부하면 된다.

해당 등기소 지정 방법

관할등기소 지정을 생각보다 어렵게 생각하는 분들이 있는데, 여러 가지 방법이 있겠지만, 다음과 같은 방법을 사용하면 아주 정확하고 쉽게 할 수 있다. 해당 부동산의 등기부의 맨 마지막 장의 하단에 아래 그림과 같이 관할등기소명이 기재되어 있고, 이것이 부동산의 관할 해당 등기소다.

셀프등기를 위해서는 필히 부동산 등기부를 발급받아야 하기 때문에 등기소 위치는 부동산 등기부를 이용하면 쉽게 확인이 가능할 것이다.

【 을 　　 구 】 (소유권 이외의 권리에 관한 사항)				
순위번호	등 기 목 적	접 　 수	등 기 원 인	권리자 및 기타사항
1	근저당권설정	2000년8월31일 제50456호	2000년8월31일 설정계약	채권최고액　금105,300,000원 채무자　　　 　　남양주시 와부읍 덕소리　　　　아파트 근저당권자　주식회사국민은행　110111-0015655 　　서울 중구 남대문로2가 9-1 　　(테크노마트지점)
-- 이 하 여 백 --				
				관할등기소　서울동부지방법원 등기국

해당 등기소는 서울동부지방법원이다.

일련번호	부동산의 표시	순위번호	예 비 란	
			등기원인	경정원인
1	[건물] 대구광역시 달성군 구지면 내리 ▮▮▮▮▮▮빌딩 주건축물제1동 ▮▮▮▮▮▮	8	2019년 5월 8일 매매	
2	[건물] 대구광역시 달성군 구지면 내리 ▮▮▮▮▮▮빌딩 주건축물제1동 ▮▮	8	2019년 5월 8일 매매	

-- 이 하 여 백 --

관할등기소 대구지방법원 서부지원 등기과

해당 등기소는 대구지방법원 서부지원이다.

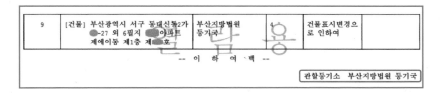

9	[건물] 부산광역시 서구 동대신동2가 ●-27 외 6필지 ○○아파트 제에이동 제1층 제▮호	부산지방법원 등기국	4	건물표시변경으로 인하여

-- 이 하 여 백 --

관할등기소 부산지방법원 등기국

해당 등기소는 부산지방법원이다.

결제 완료 후 다음과 같이 '결제 완료된 납부 정보(영수필확인서 출력 가능)'을 클릭한 후, 선택에 체크하고 출력을 클릭하면 된다. 영수증을 출력하는 것이다.

출력된 것 중 법원 제출용은 해당 법원 경매계에 등기우편을 보내고, 납부자 보관용은 향후 부동산 매매를 하는 경우, 양도소득세의 필요 경비로 사용해 절세하도록 하자.

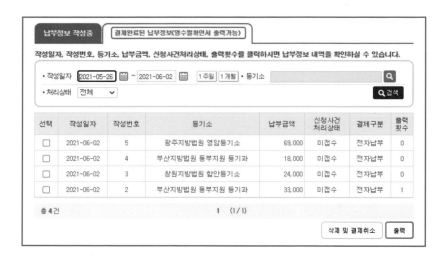

출력한 등기신청수수료 영수필확인서 - 인터넷으로 출력

인쇄하면 다음과 같이 출력된다. 가위로 오려서 사용하면 된다.

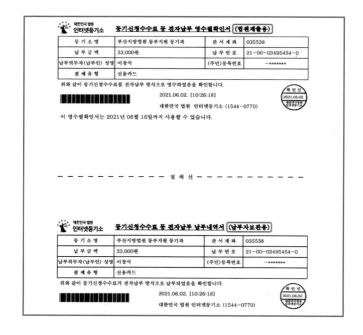

주의

한번 신용카드로 납부를 하면 다음부터는 쉽게 가능하니 처음 신용카드로 납부하는 경우, 문제 및 오류가 있거나 진행이 안 된다고 포기하지 말자. 대법원 인터넷등기소 홈페이지 하단에 있는 사용자지원센터(1544-0770)로 연락해 원격지원 서비스 등을 받아 문제점을 해결하면 된다.

공공기관 홈페이지는 방화벽 등으로 오류가 많이 생길 수 있으므로 진행이 안 된다고 어려워하지 말고 홈페이지 하단의 연락처로 연락하면 친절한 상담으로 해결할 수 있을 것이다.

키오스크(통합 무인발급기)로
납부하는 방법

필자도 간혹 사용하는 방법이다. 보통은 잔금 납부만 법원에서 진행하고, 다음 단계는 모두 인터넷으로 처리하는 편이나, 간혹 키오스크(통합 무인발급기)를 이용하는 경우도 있다.

키오스크에서 등기부를 발급받아 경매가 진행되는 동안 말소할 목록의 변경이 없다면, 바로 등기신청수수료도 같이 납부하는 방식을 사용한다. 즉, 법원 방문 전에 미리 말소할 목록이 몇 건인지를 확인한 후, 등기신청수수료 금액을 확정한다. 그리고 잔금 납부를 한 후, 부동산 등기부를 키오스크로 발급받아서 권리관계의 변동(추가 등)이 없다면, 바로 키오스크에서 등기신청수수료 납부를 하는 방식이다.

먼저 부동산 등기부를 발급받는다. 다음의 주요 등기사항 요약을 참고하면 말소할 목록을 쉽게 확인할 수 있다. 말소할 목록을 확인해야 등기신청수수료를 납부할 수 있다.

주요 등기사항 요약 (참고용)

[주 의 사 항]

본 주요 등기사항 요약은 증명서상에 말소되지 않은 사항을 간략히 요약한 것으로 증명서로서의 기능을 제공하지 않습니다.
실제 권리사항 파악을 위해서는 발급된 증명서를 필히 확인하시기 바랍니다.

[토지] 경상남도 김해시 동상동 ▇▇▇▇▇▇▇

고유번호 1955-1996-42620

1. 소유지분현황 (갑구)

등기명의인	(주민)등록번호	최종지분	주　　소	순위번호
김▇ (공유자)	********	12분의 6	▇▇▇▇▇▇▇	1
김▇ (공유자)	********	12분의 4	▇▇▇▇▇▇▇	1
김▇ (공유자)	********	12분의 1	▇▇▇▇▇▇▇	1
김▇ (공유자)	▇▇▇▇	12분의 1		10

2. 소유지분을 제외한 소유권에 관한 사항 (갑구)

순위번호	등기목적	접수정보	주요등기사항	대상소유자
3 (전 4)	가압류	1998년6월10일 제36796호	청구금액　624,000,000원 채권자　신용보증기금	김▇
4 (전 5)	가압류	1998년9월16일 제65399호	청구금액　168,000,000원 채권자　신용보증기금	김▇
5 (전 6)	압류	1998년10월26일 제74198호	권리자　근로복지공단	김▇
6	압류	2000년8월7일 제48300호	권리자　국	김▇
7	압류	2000년9월28일 제62907호	권리자　국	김▇
8	압류	2002년8월27일 제73398호	권리자　국	김▇
9	가압류	2004년7월26일 제64418호	청구금액　금20,442,081원 채권자　파산자율신전용협동조합의파산관재인예금보험공사	김▇
11	가압류	2006년10월16일 제88957호	청구금액　금80,000,000원 채권자　한국자산관리공사	김▇
12	압류	2007년12월12일 제107919호	권리자　김해시	김▇
13	압류	2012년5월17일 제44993호	권리자　부산광역시	김▇
14	압류	2012년10월29일 제100178호	권리자　국	김▇

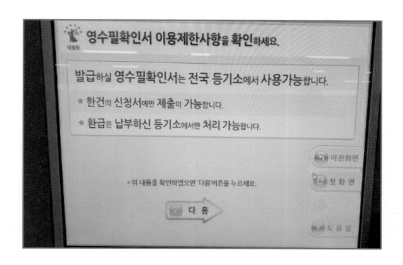

등기신청수수료 금액을 기재하고 다음을 클릭한다.

필자의 경험상, 시간이 부족해 쫓기듯이 금액 계산을 하게 되면, 금액이 틀리는 경우가 많으니 미리 등기신청수수료 금액을 계산해놓는 것이 좋다. 아니면 편하게 집에서 인터넷으로 납부하는 방식을 추천한다.

금액을 기재 후, 납부 의무자 정보를 입력하고 다음을 클릭한다. 주민등록번호와 성명을 입력하면 된다.

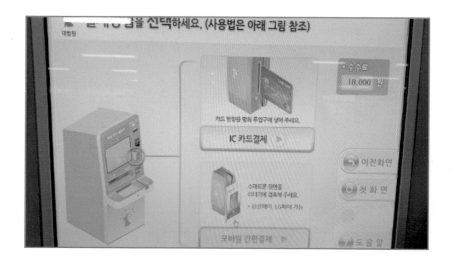

결제는 현금, 카드 모두 가능하다. 아주 간단하고 쉽다.

그럼, 등기신청수수료 영수필확인서가 출력된다.

키오스크로 납부하는 방식도 굉장히 편리한 방법이다.

　2021년 7월 16일부터 키오스크(무인발급기)에서 신용카드로도 결제
가 가능하니 참고하자!

출력한 등기신청수수료 영수필확인서 – 키오스크로 출력

대한민국법원 등기신청수수료 등 무인납부 영수필확인서 (법원제출용)

등 기 소 명	■■지방법원 등기과	관 서 계 좌	186018
납 부 금 액	21,000원	납 부 번 호	21-98-00 14593-8
납부의무자(납부인) 성명	이■석	(주민)등록번호	■■■■-*******
결 제 유 형	신용카드		

위와 같이 등기신청수수료를 무인납부 방식으로 영수하였음을 확인합니다.

2021.07.■■ [11:02:24]
■■지방법원 등기과

확인인
대한민국법원

- - - - - - - - - - - - - - - - - 절 취 선 - - - - - - - - - - - - - - - - - -

대한민국법원 등기신청수수료 등 무인납부 영수증 (납부자보관용)

등 기 소 명	■■지방법원 등기과	관 서 계 좌	186018
납 부 금 액	21,000원	납 부 번 호	21-98-00 14593-8
납부의무자(납부인) 성명	이■석	(주민)등록번호	■■■■-*******
결 제 유 형	신용카드		

위와 같이 등기신청수수료가 무인납부 방식으로 납부되었음을 확인합니다.

2021.07.■■ [11:02:24]
■■지방법원 등기과

확인인
대한민국법원

은행에서 직접
납부하는 방법

은행에 방문해서 등기신청수수료 신청을 할 수도 있다.

은행 보관용, 고객용, 법원 제출용의 3장이 붙어 있다.

기재하는 방법은 앞의 내용을 참고하면 되고 매우 간단하다.

고객용은 보관하고 있다가 양도세 신고 시에 필요 경비로 사용하면

된다.

등기신청수수료 현금납부서	화면번호 : 001414	은행보관용

고 객 용
법원제출용

등 기 소 명		관서계좌	
금 액		숫자금액	
납부의무자(납부인) 성 명		주민사업자 등록번호	
		연 락 처	

※ 납부 후 취소로 인한 환급 신청시에는 납부 당일은 은행수납 영업점에서, 이후에는 법원으로 현금 신청하셔야 합니다.

위와 같이 등기신청수수료를 현금으로 납부합니다.

년 월 일

납부자 서명 또는 인 수 납 인

필자는 특별한 이유가 없다면 은행에서 직접 납부하는 방식은 선호하지 않는다. 너무 많은 이용 시간이 걸려 비효율적이다. 그러나 선택은 자유롭게 하면 될 것이다.

은행에서 납부한 영수증

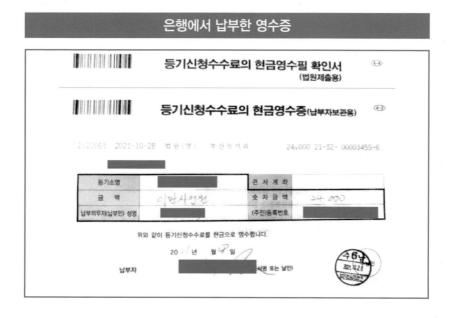

말소할 목록 작성 시 자주 틀리는 3가지와 해결 방법

셀프등기를 마무리하고 해당 법원 경매계에 소유권 이전등기 촉탁신청서와 제반 서류 등을 제출하고 나면 간혹 경매계에서 등기신청수수료 금액이 잘못되었다거나 말소할 목록이 틀렸으니 수정해서 다시 제출하라는 연락이 오는 경우가 있다.

말소할 목록 작성 시 자주 틀리는 3가지 종류에 대해 알아보고 각 상황에 맞춰 최상의 해결 방법을 알아보자.

등기신청수수료 금액을
적게 납부한 경우

총 2필지를 낙찰받았고, 말소할 목록이 필지별로 각각 3개인 경우, 등기신청수수료 금액 계산은 다음과 같다.

1필지 15,000원 + (3,000원 × 3건) = 24,000원
1필지 15,000원 + (3,000원 × 3건) = 24,000원

총 48,000원이 맞는 금액이나 이를 15,000원 + (3,000원×6건) = 33,000원으로 계산해 틀리는 경우가 종종 있다. 즉, 말소할 목록이 6건인 것만 생각하고, 2필지인 것을 고려하지 않은 채 1필지 15,000원과 6건 18,000원의 합인 33,000원으로 계산한 경우다.

이런 경우, 쉽게 해결할 수 있다. 부족한 금액인 15,000원을 한 장 다시 납부해서 해당 경매계에 제출하면 된다.

등기신청수수료 금액을
많이 납부한 경우

앞의 경우와는 반대로, 실제 말소할 목록 권리보다 많은 권리를 말소하는 실수를 한 경우다.

경매 물건의 등기부를 보면 대상소유자 중에 '○○애'의 지분이 경매로 매각되어 낙찰받아 셀프등기를 진행 중이다.

등기신청수수료 납부를 '○○애'의 지분에 권리관계가 있는 5건으로 계산해야 하나, 전체 등기부의 등기권리인 11건을 말소하는 실수를 한 것이다(순위번호 6-1은 부기등기로 말소할 목록이 아님).

정확한 등기신청수수료 금액은 15,000원+15,000원(3,000원×5건) = 30,000원이지만, 11건으로 계산해 15,000원+33,000원(3,000원×11건) = 48,000원을 납부한 경우로, 이 경우에도 해결 방법은 아주 간단하다.

2. 소유지분을 제외한 소유권에 관한 사항 (갑구)

순위번호	등기목적	접수정보	주요등기사항	대상소유자
14	압류	2009년12월8일 제93143호	권리자 포항시	■■숙
16	압류	2010년12월14일 제101587호	권리자 포항시	■■숙
19	가압류	2019년7월23일 제48965호	청구금액 금47,960,000 원 채권자 ■■	■■애
20	강제경매개시결정	2019년8월8일 제52570호	채권자 ■■	■■애
21	가압류	2019년8월30일 제57018호	청구금액 금9,540,000 원 채권자 ■■	■■애
22	가압류	2019년10월17일 제66834호	청구금액 금48,127,964 원 채권자 ■■■■■주식회사	■■애

3. (근)저당권 및 전세권 등 (을구)

순위번호	등기목적	접수정보	주요등기사항	대상소유자
3	근저당권설정	2008년12월26일 제114719호	채권최고액 금10,000,000원 근저당권자 ■■	■■애
4	근저당권설정	2011년7월27일 제70197호	채권최고액 금30,000,000원 근저당권자 ■■	■■철
5	근저당권설정	2011년11월29일 제113018호	채권최고액 금40,000,000원 근저당권자 ■■	■■철
6	근저당권설정	2012년1월19일	채권최고액 금50,000,000원	■■철

출력일시 : 2020년 04월 29일 14시 29분 57초

1/2

순위번호	등기목적	접수정보	주요등기사항	대상소유자
		제5551호	근저당권자 ■■	
6-1	근저당권이전	2013년9월13일 제81404호	근저당권자 ■■	■■철
9	근저당권설정	2013년11월15일 제100691호	채권최고액 금30,000,000원 근저당권자 ■■	■■철

다시 새롭게 30,000원의 수수료를 납부하고 해당 법원 경매계에 제출하면 된다. 그리고 법원 경매계에 연락해 미리 제출한 등기신청수수료 영수증 48,000원은 폐기해달라고 하면 된다. 14일이 지나면 자동 취소가 되기 때문이다.

선택	작성일자	작성번호	등기소	납부금액	신청사건 처리상태
☑	2020-08-24	15	대구지방법원 포항지원 등기과	30,000	미접수
☐	2020-08-19	14	대구지방법원 포항지원 등기과	48,000	미접수

즉, 위와 같이 8월 24일 자 30,000원 영수증을 경매계로 다시 우편 등기로 보내고, 기존에 보낸 8월 19일 자 48,000원 영수증은 폐기해달라고 요청하면 되는 것이다.

48,000원 영수증을 그냥 폐기하면 14일이 지나면 자동취소된다.

행정기관에 문의한 결과, 다음과 같이 자동 반환된다는 답변을 참고하면 된다.

안녕하십니까? 법원행정처 부동산등기과입니다.
귀하의 민원서는 국민신문고에 접수되었으나 이관되어 우리 처에 2021년 6월 2일 접수되었습니다.

문의하신 사항은 인터넷등기소로 전자납부한 등기신청수수료에 대한 환급에 대한 문의입니다.
전자납부한 등기신청수수료는 사용하지 아니한 경우 14일이 지나 반환되므로 환급신청하지 않으셔도 됩니다.

감사합니다.

지분 경매 물건을 낙찰받고 말소할 목록 작성하는 경우, 낙찰받은 공유지분의 권리만을 말소해야 하지만, 이런 경우에는 전체 공유자의 권리나 타 공유지분의 권리까지 말소한 것이다. 따라서 공유지분을 매수하는 경우에는 반드시 낙찰받은 지분의 권리만을 말소해야 한다.

등기신청수수료 납부를 했지만 14일이 지난 경우

　등기신청수수료 납부는 일찍 완료했지만, 다음 단계의 셀프등기 진행을 천천히 해서 14일이 지난 경우가 있고, 등기신청수수료를 실제 납부해야 할 금액보다 적은 금액을 납부해서 법원에서 그 차액만큼 다시 납부하라고 하는 경우, 그 보정을 천천히 해서 14일이 지난 경우가 있는 등, 여러 가지 다양한 이유로 14일이 지난 경우가 발생한다.

　이런 경우, 처음 납부한 등기신청수수료는 자동으로 삭제되었으므로 처음부터 다시 등기신청수수료를 납부해야 하니, 셀프등기를 시작했다면 스피드 있고 정확한 진행이 중요하다.

　예를 들어, 다음과 같이 2021년 6월 28일에 등기신청수수료 18,000원을 납부했다.

대한민국 법원 인터넷등기소	등기신청수수료 등 전자납부 납부내역서 (납부자보관용)		
등 기 소 명	■■■지방법원 ■■■등기소	관 서 계 좌	115335
납 부 금 액	18,000원	납 부 번 호	21-00-04049161-5
납부의무자(납부인) 성명	이■석	(주민)등록번호	■■■■-******
결 제 유 형	신용카드		

위와 같이 등기신청수수료가 전자납부 방식으로 납부되었음을 확인합니다.

[2021.06.28. 22:39:33]

확인인
2021.06.28.

여러 가지 이유가 있지만, 이번 경우에는 등기신청수수료를 납부하고 다음 진행을 하지 않아 14일이 지난 상태였다. 따라서, 다음과 같이 다시금 등기신청수수료를 2021년 7월 21일에 납부했다.

대한민국법원 	등기신청수수료 등 무인납부 영수증 (납부자보관용)		
등 기 소 명	■■■지방법원 등기과	관 서 계 좌	186018
납 부 금 액	18,000원	납 부 번 호	21-98-00114596-7
납부의무자(납부인) 성명	이■석	(주민)등록번호	■■■■-******
결 제 유 형	신용카드		

위와 같이 등기신청수수료가 무인납부 방식으로 납부되었음을 확인합니다.

2021.07.21

확인인

인터넷등기소에서 다음과 같이 확인하니 14일이 지나서 자동으로 취소된 것을 확인할 수 있다.

거래일	결제/취소 집계				비고
	결제건 (수수료)	취소건수			
		당일 취소건 (수수료)	이전일 취소건 (수수료)		
2021-06-28	1 (18,000원)				상세
2021-07-13			1 (-18,000원)		상세

정확하고 신속하게 셀프등기를 진행하는 것이 중요하다. 또한, 14일의 기한을 고려하도록 하자!

등록면허세 경정청구 방법

말소할 목록이 11개인 줄 알고 등기신청수수료와 등록면허세를 납부했으나 확인 과정에서 5개인 것을 확인했다. 이런 경우에는 등기신청수수료는 앞의 방식으로 해결하면 되고, 등록면허세는 미리 납부했기 때문에 경정청구를 해야 한다.

등록면허세 경정청구를 하는 방법은 먼저 시·군·구 세무서(취득세과)에 연락해서 말소할 목록 개수가 틀려서 과오납되어 환급받아야 한다고 말하고, 경정청구서와 주민등록증 사본, 계좌번호 사본을 팩스와 등기우편으로 보내면 환급이 가능하다.

다음의 경정청구서를 참고하면 쉽게 작성이 가능할 것이다.

■ 지방세기본법 시행규칙[별지 제14호서식] <개정 2019. 12. 31.>

지방세 과세표준 및 세액 등의 결정 또는 경정 청구서

※ 색상이 어두운 난은 신청인이 작성하지 아니하며, 아래의 유의사항을 읽고 작성하시기 바랍니다.

| 접수번호 | | 접수일 | | | 처리기간 | 2개월 |

납세자	성명(법인명) 이▒석			주민(법인, 외국인)등록번호: ▒▒▒▒▒		
	상호(법인인 경우 대표자)			사업자등록번호		
	주소(영업소) ▒▒▒▒▒▒▒					
	전화번호 (휴대전화) ▒▒▒▒)			전자우편주소 ▒▒▒▒▒▒		
	지급계좌 은행명:농협			계좌번호 ▒▒▒▒▒		

결정 또는 경정청구 내용	법정신고일			최초신고일		
	경정청구 대상(과세물건)					
	구분		과세표준	산출세액	비과세/ 감면액	납부세액
	등록 면허세	당초신고	말소할목록11건			79,200
		결정 또는 경정신고	말소할목록5건			36,000
		증 감 액	6건 차액			43,200
	( )세	당초신고				
		결정 또는 경정신고				
		증 감 액				

결정 또는 경정청구 이유(내용이 많은 경우 별지 기재) 등록면허세 납부를 위한 말소목록 개수가 5 건인데 11건으로 과다 납부하였습니다. 그 6건의 차액인 43,200원을 환급 바랍니다.	사유발생일 2020.8.18.일 등록면허세 납부일 (경매 낙찰로 소유권이전등기촉탁)

「지방세기본법」 제50조 및 같은 법 시행령 제31조에 따라 위와 같이 결정 또는 경정을 청구합니다.

2020년 8월 24일

청구인 ▒▒▒▒▒▒ (서명 또는 인)

지방자치단체의 장 귀하

'지방세 과세표준 및 세액 등의 결정 또는 경정청구서'

이제 충분히 등기신청수수료 납부가 가능할 것이다. 셀프등기의 다음 단계로 넘어가도록 하자.

지금까지 '셀프등기 순서 1장' 파일을 출력하고 공부 서류를 발급받아 '경매 5종 세트 서류' 파일을 작성했다(말소할 목록 작성).

그리고 잔금 납부를 했고 취득세와 등록면허세를 납부했다.

등기신청수수료를 납부했다.

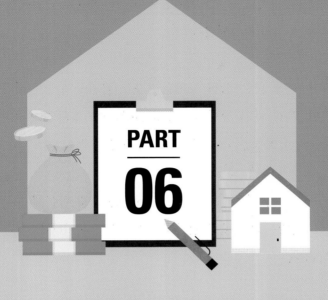

국민주택채권 매입
(즉시 매도)

국민주택채권은 정부가 국민주택사업에 필요한 자금을 조달하기 위해 발행하는 국채이고, 주택도시기금법 제7조, 제8조, 동법시행령 제4조와 국채법에 의거해 시행된다.

소유권 이전을 받은 당해 등기명의자가 국민주택채권 매입 의무 대상자이며, 채권 매입 방법에는 **보유(5년)**하거나 **즉시 매도**하는 방법 2가지가 있지만, 보통은 즉시 매도하는 것을 많이 선택한다.

보유하고자 하는 경우에는 은행 영업창구를 직접 방문해야 하며, **즉시 매도**하는 경우에는 은행 영업창구를 이용하거나 인터넷은행을 통해서도 가능하다.

> • **국민주택채권 취급은행**
> 우리은행, 국민은행, 신한은행, 농협은행, 기업은행

채권 매입 계산은 주택도시기금 인터넷 홈페이지(http://nhuf.molit.go.kr)에서 계산하는 것이고, 실제 국민주택채권 매입 납부는 은행(인터넷 사이트)을 통해서 하는 것이다.

셀프등기를 직접 진행하기 위해 갖추어야 할 가장 중요한 능력 중의 하나가 국민주택채권 매입 능력이라고 할 수 있다. 이 국민주택채권 매입을 직접 할 수 있는 능력이 있다면 여러 가지 장점이 많겠지만, 가장 중요한 장점은 수수료를 내고 법무사 등에 위임해 소유권 이전등기를

하는 경우, 간혹 국민주택채권 매입 부분의 금액이 실제 금액보다 높게 책정되어 있는 경우가 있는데, 만약 본인이 직접 주택도시기금 홈페이지에서 국민주택채권 즉시 매도 금액을 확인할 수 있다면 수수료 금액을 확인해 그 차액만큼 아주 쉽게 수수료를 아낄 수 있을 것이다. 이를 확인하기 위한 계산하는 방법 및 역산하는 노하우를 아낌없이 책에 공개했다.

주택도시기금법

제7조(국민주택채권의 발행 등)

① 정부는 국민주택사업에 필요한 자금을 조달하기 위하여 기금의 부담으로 국민주택채권을 발행할 수 있다.

② 제1항의 국민주택채권은 국토교통부장관의 요청에 따라 기획재정부장관이 발행한다.

③ 국민주택채권에 관하여 이 법에서 규정한 것을 제외하고는 '국채법'을 적용한다.

④ 국민주택채권의 종류 · 이율, 발행의 방법 · 절차 및 상환과 발행사무 취급 등에 필요한 사항은 대통령령으로 정한다.

제8조(국민주택채권의 매입)

① 다음 각 호의 어느 하나에 해당하는 자 중 대통령령으로 정하는 자는 국민주택채권을 매입하여야 한다.

  1. 국가 또는 지방자치단체로부터 면허 · 허가 · 인가를 받는 자

  2. 국가 또는 지방자치단체에 등기 · 등록을 신청하는 자

  3. 국가 · 지방자치단체 또는 '공공기관의 운영에 관한 법률'에 따른 공공기관 중 대통령령으로 정하는 공공기관과 건설공사의 도급계약을 체결하는 자

  4. '주택법'에 따라 건설 · 공급하는 주택을 공급받는 자

② 제1항에 따라 국민주택채권을 매입하는 자의 매입 금액 및 절차 등에 필요한 사항은 대통령령으로 정한다.

주택도시기금법 시행령

제4조(국민주택채권의 발행절차)

① 국토교통부장관은 국민주택채권의 발행이 필요하다고 인정하는 경우에는 법 제7조에 따라 채권의 종류와 그 발행금액, 발행방법, 발행조건, 상환방법 및 상환절차 등 필요한 사항을 정하여 기획재정부장관에게 그 발행을 요청하여야 한다.

② 기획재정부장관은 제1항의 요청에 따라 국민주택채권을 발행하려는 경우에는 다음 각 호의 사항을 공고하여야 한다.

1. 채권의 종류
2. 채권의 만기
3. 채권의 이율
4. 원금 상환의 방법과 시기
5. 이자 지급의 방법과 시기

국민주택채권
매입 순서도

국민주택채권 매입의 순서를 살펴보면, 다음과 같이 크게 3단계로 나눠진다.

Step 1 매입 대상금액을 조회
Step 2 고객부담금을 조회
Step 3 인터넷은행에 접속해 국민주택채권을 매입

주택도시기금 인터넷 사이트(http://nhuf.molit.go.kr)에서 매입 대상 금액과 고객부담금을 조회하고, 본인이 거래하는 은행 인터넷 사이트에서 국민주택채권을 매입하는 것이다.

준비해야 하는 것은 매수한 부동산의 용도와 주소 그리고 시가표준액 금액이다. 시가표준액 금액을 확인하는 방법은 2가지가 있다. ① 부

동산 공시가격 알리미 사이트에서 검색 또는 계산하는 방법이 있고, ② 취득세과에서 받은 고지서에 해당 부동산의 시가표준액 금액이 나와 있는데, 이를 이용하는 방법이다.

그리고 대리인 자격으로도 국민주택채권 매입이 가능하다.

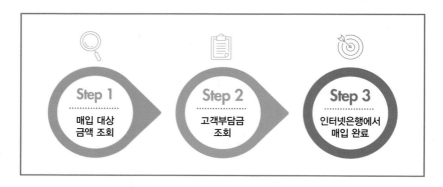

국민주택채권 매입(즉시 매도)
단계별 방법

1. 주택도시기금 홈페이지에 접속해 '셀프 채권 매입 도우미'를 클릭한다.

간혹 주택도시기금 홈페이지 화면 업데이트와 변경으로 찾기가 힘들 수 있다.

항상 2가지만 정확히 알고 있으면 된다. 첫 번째, 국민주택채권을 매입하기 위해서는 주택도시기금 홈페이지로 접속해야 하고, 두 번째, 국민주택채권 매입 항목을 찾아서 들어가면 된다는 것이다.

지금은 새롭게 '셀프 채권 매입 도우미' 항목이 생겼으니 이를 통해 쉽게 계산이 가능하다.

2. '매입 대상 금액 조회하기'를 클릭한 후, ① 매입 용도 지정, ② 대상 물건 지역 지정, ③ 시가표준액 기재, ④ 채권 매입(발행) 금액 조회 클릭, 마지막으로 ⑤ 고객부담금 조회하기를 클릭한다.

구 분	상 세 내 용	방 법
① 매입 의무 대상자 여부 확인	- 대표적 매입 의무 대상자 : 소유권의 이전(보존) 시 소유권의 이전(보존)을 받은 날해 등기명의자 상속 시 상속 받는 사람, 국가 또는 지방자치단체로부터 면허·허가·인가를 받는 자 등 ☞ 세부 대상자는 주택도시기금법 시행령 제8조제2항 별표의 부표 참고 ☞ 매입의무 면제자는 주택도시기금법 시행령 제8조제2항 별표 참고	[부표]확인하기 [별표]확인하기
② 매입대상금액 조회	- 국민주택채권의 매입용도·대상물건지역·시가표준액에 따른 매입대상 채권금액 계산	주택도시기금 홈페이지
③ 고객부담금 조회	- 채권을 보유하지 않고 즉시 매도할 경우, 고객이 실제 부담해야 하는 금액 조회 (※ 고객부담금은 조회일자에 따라 달라질 수 있습니다)	주택도시기금 홈페이지
④ 국민주택채권 매입	- 채권 매입과 동시에 즉시 매도하고자 하는 경우 ☞ 인터넷 은행 접속 또는 은행 영업 창구 방문하기 - 채권을 보유하고자 하는 경우 ☞ 은행 영업창구 방문 ※ 국민주택채권 취급은행 : 우리은행, 국민은행, 신한은행, 농협은행, 기업은행	인터넷 은행 또는 은행창구방문

매입대상금액 조회하기 >

① 매입 용도를 지정해야 한다.

대부분의 매입 용도는 크게 다음의 3가지로 보면 문제없을 것이다.

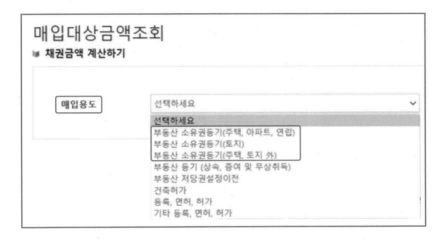

② 대상 물건 지역을 지정해야 한다.

'서울특별시 및 광역시'와 '그 밖의 지역' 2개 중에서 지정하면 된다.

③ 시가표준액 금액을 기재해야 한다.

시가표준액 확인 방법은 크게 2가지로 확인이 가능하다.

※ 시가표준액 금액 확인하는 방법

첫 번째 방식

아파트 등의 경우, 부동산 공시가격 알리미 사이트에서 직접 해당 부동산을 검색하면 된다. 토지의 경우에는 직접 공시지가와 면적을 곱해 시가표준액 계산을 직접 해야 한다.

두 번째 방식

취득세와 등록면허세를 납부하기 위해 해당 취득세과에서 팩스로 받은 고지서에 해당 부동산의 시가표준액 금액이 나와 있다. 이 금액을 이용하는 방법이다.

직접 계산해도 되지만, 경험상 두 번째 방식이 훨씬 신속·정확하며 효율적이다.

따라서 국민주택채권 매입을 쉽게 하기 위해서라도 필수적으로 취득세과에서 팩스로 고지서를 받는 것이 여러모로 편리하다.

첫 번째 방식인 직접 검색 또는 계산 – 부동산 공시가격 알리미 사이트

매입용도	부동산 소유권등기(주택, 아파트, 연립) ▾
대상물건지역	서울특별시 및 광역시 ▾
건물분 시가표준액	[　　　　　] 원　[공동주택가격열람] [단독주택가격열람]

- 주택은 토지가 포함된 가격
- 가격이 공시되지 않은 신규분양공동주택은 다음의 취득가격 기준
  * 취득가격 = 분양가격+옵션비용-(분양가 및 옵션에 대한 부가세+선납할인)

매입용도	부동산 소유권등기(토지) ▾
대상물건지역	서울특별시 및 광역시 ▾
토지분 시가표준액	[　　　　　] 원　[토지가격열람]

- 개별공시지가 x 해당면적(m²)

매입용도	부동산 소유권등기(주택, 토지 外) ▾
대상물건지역	선택하세요 ▾
건물분 시가표준액	[　　　　　] 원　[단독/공동주택 외(서울)] [단독/공동주택 외(서울 외)]
토지분 시가표준액	[　　　　　] 원　[토지가격열람]

- 개별공시지가 x 해당면적(m²)

두 번째 방식인, 취득세 고지서에 나와 있는 시가표준액 금액을 이용

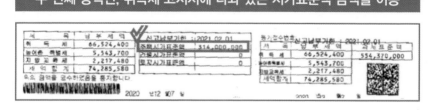

다시 정리하면, (사례1을 예를 들면)

① 셀프 채권 매입 도우미

② 매입 대상 금액 조회하기를 한 후,

③ 매입 용도와 지역은 아파트와 광역시를 선택하고, 시가표준액 취득세 고지서에 나와 있는 시가표준액(3.14억 원)을 기재한다.

④ 채권 매입(발행)금액 조회를 클릭한다. 계산된 채권 매입 금액 8,164,000원에서 절사하면 8,160,000원이 된다.

⑤ 고객부담금 조회하기를 클릭한다.

　　(8,164,000원에서 5,000원 미만은 절사, 5,000원 이상은 올림해 1만 원 단위로 채권 매입을 해야 하므로, 해당 금액은 5,000원 미만 절사해 8,160,000원이다)

3. 절사한 금액을 발행 금액에 기재하고 조회를 클릭해 국민주택채권 즉시 매도 본인부담금 금액을 확인한 후, 인터넷은행 바로가기를 클릭한다.

채권 매입 금액은 8,164,000원이지만 5,000원 미만은 절사이므로 8,160,000원으로 ⑥ 발행 금액을 조회하면 된다.

2021년 6월 8일에 조회한 주택채권 매입 즉시 매도 시, 부담금이 388,032원임을 알 수 있다. ⑦ 인터넷은행 바로가기를 클릭해 납부하면 된다.

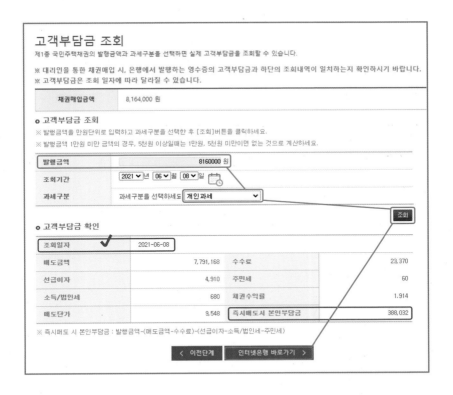

4. 인터넷은행에서 국민주택채권 매입(즉시 매도)을 하면 완료된다.

인터넷은행을 클릭하면 다음과 같이 우리은행, KB국민은행, IBK기업은행, NH농협은행, 신한은행이 검색된다. 해당 거래계좌가 있는 은행을 클릭해서 국민주택채권을 매입하면 된다.

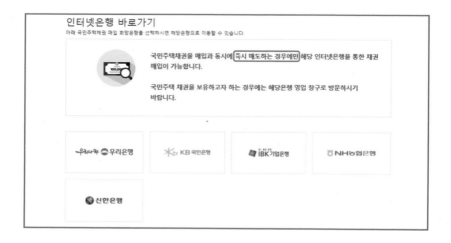

자신이 이용하는 은행(농협)을 클릭해 '국민주택채권 매입'을 진행하면 된다.

농협은행의 국민주택채권 매입 란에서 납부자명 등의 매입 의무자 인적사항을 기재한 후, 채권매입금액 란에는 816,000원을 기재하고, 과세 구분에는 개인, 징구기관은 법원등기소, 매입 용도는 부동산 등기(소유권 보존 또는 이전)를 선택해서 확인을 클릭하면, 다음과 같이 즉시 매도하는 주택채권 금액이 388,032원으로 계산된다.

최종적으로 은행에서 자동으로 결제되어 채권 매입이 완료된다.

생각보다 어렵지 않으니 직접 해보길 바란다. 필자가 계속해서 말하지만 '실행'이 가장 중요하다. 틀리더라도 포기하지 말고 해보자.

만약 틀리더라도 등기소에서 수정하라는 연락이 오기 때문에 틀리는 것을 두려워하지 말고 실행해보자. 실력을 확실하게 올릴 수 있는 기회라고 생각하면 될 것이다.

국민주택채권 매입 즉시 매도 금액이 0원인 경우

만약 소유권 이전하는 부동산의 시가표준액이 다음의 기준금액 미만이면 국민주택채권을 매입할 필요가 없다. 암기할 필요는 없다. 시가표준액을 기재하면 인터넷에서 자동으로 알려주기 때문이다.

부동산 소유권등기(주택, 아파트, 연립)
- 시가표준액 2,000만 원 이상부터 국민주택채권 매입 대상이다.

부동산 소유권등기(주택, 아파트, 연립)   ∨

nhuf.molit.go.kr의 메시지
시가표준액이 2천만원 미만입니다. 시가표준액 2천만원 이상부터 국민주택채권 매입대상입니다.

부동산 소유권등기(토지)

- 시가표준액 500만 원 이상부터 국민주택채권 매입 대상이다.

부동산 소유권등기(토지)	

nhuf.molit.go.kr의 메시지

시가표준액이 5백만원 미만입니다. 시가표준액 5백만원 이상부터 국민주택채권 매입대상입니다.

부동산 소유권등기(주택, 토지 외)

- 건물 1,000만 원, 토지 500만 원 이상부터 국민주택채권 매입 대상이다(두 항목 모두 기준금액 이상인 경우에만 매입 대상이다).

부동산 소유권등기(주택, 토지 外)	

nhuf.molit.go.kr의 메시지

건물 시가표준액이 1천만원 미만이고, 토지 시가표준액이 5백만원 미만 입니다.
건물 1천만원, 토지 5백만원 이상부터 국민주택채권 매입대상입니다.

사례를 통해 국민주택채권
매입 직접 해보기

다음의 5가지 유형별로 국민주택채권 매입(즉시 매도) 금액을 구하는 방법에 대해 알아보자.

1. 아파트 물건이고 매수(낙찰)자 1인
2. 토지 물건이고 매수(낙찰)자 1인
   ※ 대리인으로 채권 매입을 할 경우
3. 토지 물건이고 매수(낙찰)자 3명 공동인 경우
4. 상가 물건이고 매수(낙찰)자 3명 공동인 경우
   ※ 은행에서 직접 납부하는 경우
5. ◆ 금액이 맞는지 역산하는 방법
   아파트 물건이고 매수(낙찰)자 1인, 은행에서 매입

1. 아파트 물건이고 매수(낙찰)자 1인인 경우

대략의 순서는 다음과 같다.

① 셀프 채권 매입 도우미 - ② 매입 대상 금액 조회 - ③ 매입 용도 선택, 대상 물건 지역 선택, 건물분 시가표준액 기재 - ④ 채권 매입(발행) 금액 조회 - 채권 매입 금액 확인 - ⑤ 고객부담금 조회 - 발행 금액에 절사한 채권 매입 금액을 기재 - ⑥ 조회 클릭 - 인터넷은행 바로가기 - ⑦ 은행에서 국민주택채권 매입 - 영수증 2부 출력

매입대상금액조회
채권금액 계산하기

매입용도	부동산 소유권등기(주택, 아파트, 연립)
대상물건지역	서울특별시 및 광역시
건물분 시가표준액	314,000,000 원 공동주택가격열람 단독주택가격열람

- 주택은 토지가 포함된 가격
- 가격이 공시되지 않은 신규분양공동주택은 다음의 취득가격 기준
  * 취득가격 = 분양가격+옵션비용-(분양가 및 옵션에 대한 부가세+선납할인)

채권매입(발행)금액조회

채권매입금액	8,164,000 원
매입기준	서울특별시 및 광역시 시가표준액 2억6천만원 이상 6억원 미만 : 시가표준액의 26/1,000

* 5천원 미만은 절사, 5천원 이상은 올림하여 1만원 단위로 채권매입   - 절사하여 8,160,000원 ✓

시가표준액 추가 확인방법

- 등록세 영수필확인서(등기소보관용)에서 다음의 시가표준액을 확인할 수 있습니다.
  - 주택시가표준액 : 주택은 토지가 포함된 가격
  - 건물시가표준액 : 주택이 아닌 상가, 공장, 오피스텔 등을 말함
  - 토지시가표준액
- 시가표준액 관련 사항은 관할구청으로 문의하시기 바랍니다.

제1종 국민주택채권을 매입과 동시에 매도할 경우 매도금액,선급이자와 세금을 가감한 고객님의 실제 부담금을 조회하실 수 있습니다.

< 이전단계   고객부담금 조회하기 >

---

① 셀프 채권 매입 도우미, ② 매입 대상 금액 조회하기를 한 후, ③ 매입 용도와 지역은 아파트와 광역시를 선택한 후, 공동주택가격열람을 클릭해서 해당 부동산의 시가표준액을 확인해서 기재하거나, 취득세 고

지서에 나와 있는 시가표준액(3.14억 원)을 기재한 후, ④ 채권 매입(발행) 금액 조회를 클릭하고 계산된 채권 매입 금액 8,164,000원에서 절사하면, 8,160,000원이 된다. 그리고 ⑤ 고객부담금 조회하기를 클릭한다.

(8,164,000원에서 5,000원 미만은 절사, 5,000원 이상은 올림해 1만 원 단위로 채권 매입을 해야 하므로, 해당 금액은 5,000원 미만 절사해 8,160,000원이다)

공시가격 알리미에서 해당 아파트 동·호수로 검색한 결과다. 국민주택채권을 2020년에 매입했기 때문에 2020년 1월 기준 금액인 314,000,000원이 시가표준액(공동주택 가격)이 된다.

공시기준	단지명	동명	호명	전용면적(㎡)	공동주택가격(원)
2021.1.1	■■■■	■■	산정기초자료	101.984	371,000,000
2020.1.1	■■■■	■■		101.984	314,000,000

아파트의 시가표준액은 다음과 같이 지자체 취득세과에서 팩스로 받은 취득세 고지서에 기재되어 있는 시가표준액을 참고하면 된다. 과세표준액 금액(554,370,000)이 아니므로 주의하도록 하자. 직접 계산해도 되지만, 경험상 이 방식이 훨씬 효율적이다.

취득세 고지서에 나와 있는 시가표준액(공동주택 가격)

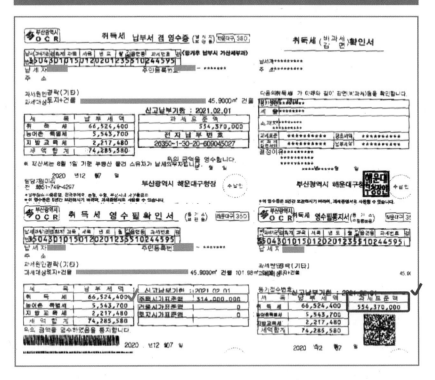

채권 매입 금액은 8,164,000원이지만 5,000원 미만은 절사한 8,160,000원으로, ⑥ 발행 금액란에 기재한 후 조회를 클릭하면 된다.

2021년 6월 8일에 조회한 주택채권 매입 즉시 매도 시 본인부담금이 388,032원임을 알 수 있다.

그리고 ⑦ 인터넷은행 바로가기를 클릭해 납부하면 된다.

고객부담금 조회

제1종 국민주택채권의 발행금액과 과세구분을 선택하면 실제 고객부담금을 조회할 수 있습니다.

※ 대리인을 통한 채권매입 시, 은행에서 발행하는 영수증의 고객부담금과 하단의 조회내역이 일치하는지 확인하시기 바랍니다.
※ 고객부담금은 조회 일자에 따라 달라질 수 있습니다.

채권매입금액	8,164,000 원

● 고객부담금 조회

※ 발행금액을 만원단위로 입력하고 과세구분을 선택한 후 [조회]버튼을 클릭하세요.
※ 발행금액 1만원 미만 금액의 경우, 5천원 이상일때는 1만원, 5천원 미만이면 없는 것으로 계산하세요.

발행금액	8160000 원
조회기간	2021 년 06 월 08 일
과세구분	과세구분을 선택하세요 개인과세

조회

● 고객부담금 확인

조회일자 ✔	2021-06-08		
매도금액	7,791,168	수수료	23,370
선급이자	4,910	주민세	60
소득/법인세	680	채권수익률	1.914
매도단가	9.548	즉시매도시 본인부담금	388,032

※ 즉시매도 시 본인부담금 : 발행금액-(매도금액-수수료)-(선급이자-소득/법인세-주민세)

< 이전단계   인터넷은행 바로가기 >

조회 일자가 2021년 6월 8일임을 기억하자.

조회 기간을 현재가 아닌 과거의 날짜인 2021년 1월 25일로 지정해 조회하면, 다음과 같이 즉시 매도 시 본인부담금 금액이 210,440원으로 검색된다(실제 해당 부동산의 국민주택채권 매입 날짜가 1월 25일이다).

고객부담금 조회

제1종 국민주택채권의 발행금액과 과세구분을 선택하면 실제 고객부담금을 조회할 수 있습니다.

※ 대리인을 통한 채권매입 시, 은행에서 발행하는 영수증의 고객부담금과 하단의 조회내역이 일치하는지 확인하시기 바랍니다.
※ 고객부담금은 조회 일자에 따라 달라질 수 있습니다.

채권매입금액	8,164,000 원

○ 고객부담금 조회

※ 발행금액을 만원단위로 입력하고 과세구분을 선택한 후 [조회]버튼을 클릭하세요.

※ 발행금액 1만원 미만 금액의 경우, 5천원 이상일때는 1만원, 5천원 미만이면 없는 것으로 계산하세요.

발행금액	8160000 원
조회기간	2021 ∨ 년 01 ∨ 월 25 ∨ 일
과세구분	과세구분을 선택하세요 개인과세 ∨

조회

○ 고객부담금 확인

조회일자	2021-01-25		
매도금액	7,972,320	수수료	23,910
선급이자	1,340	주민세	10
소득/법인세	180	채권수익률	1,464
매도단가	9,770	즉시매도시 본인부담금 ✓	210,440

※ 즉시매도 시 본인부담금 : 발행금액-(매도금액-수수료)-(선급이자-소득/법인세-주민세)

< 이전단계   인터넷은행 바로가기 >

조회 기간을 선택해서 과거의 날짜를 조회할 수 있다는 것은 무엇을 뜻할까?

만약 셀프등기가 아닌 법무사나 대행사를 통해 국민주택채권을 매입하는 경우, 실제 수수료 금액이 맞는지 본인이 직접 계산을 통해 확인이 가능하다는 뜻이다. 즉, 수수료 금액을 확인해 실제 채권 매입 금액에 대비해서 초과로 수수료금액을 책정한 것이 확인된다면 이 부분을 확인·요청해서 돈을 환급받을 수 있을 것이다.

따라서 이 책을 통해 능력을 배양한다면 유·무형의 많은 이득을 볼수 있을 것이다.

인터넷은행을 클릭하면 다음과 같이 우리은행, KB국민은행, IBK기업은행, NH농협은행, 신한은행이 검색된다. 해당 거래계좌가 있는 은행을 클릭해서 국민주택채권을 매입하면 된다.

자신이 이용하는 은행(농협)을 클릭해 '국민주택채권 매입'을 진행하면 된다.

국민주택채권 매입 은행의 서비스 이용시간은 보통 09 : 00~17 : 30 분이다.

· 국민주택채권			
서비스 종류	평일	토요일	휴일/공휴일
국민주택채권매입	09:00 ~ 17:30	불가	불가
국민주택채권 매입확인서조회	00:00 ~ 24:00	00:00 ~ 24:00	00:00 ~ 24:00
채권매입 확인조회	00:00 ~ 24:00	00:00 ~ 24:00	00:00 ~ 24:00
채권할인율조회	00:00 ~ 24:00	00:00 ~ 24:00	00:00 ~ 24:00

농협은행의 국민주택채권 매입 란에서 납부자명 등의 매입 의무자 인적사항을 기재한 후, 채권 매입 금액을 기재하고, 과세 구분에는 개인, 징구기관은 법원등기소, 매입 용도는 부동산 등기(소유권 보존 또는 이전)을 선택해서 확인을 클릭하면 다음과 같이 즉시 매도하는 주택채권 금액이 388,032원으로 계산된다.

채권매입

국민주택채권매입 | 매입확인서조회(재발행)

01 정보입력   01 02 03

• 출금정보 입력
현재시간 : 2021년 06월 08일 12시 01분 54초

납부자명	이■석
출금계좌번호	312-■■■■■■ ▼ 이체가능금액/한도
출금계좌 비밀번호	■■■■ ☑ 마우스입력기 ⓘ 숫자 4자리
관리점(선택)	[　　　　] [　　　　] 영업점 검색 ⓘ 출금계좌 관리영업점으로 자동처리 되므로, 관리영업점 변경이 필요하신 고객님만 이용하시기 바랍니다.

• 매입정보 입력

매입의무자 성명	이■석
주민등록번호 (사업자번호)	■■■■■■■ ☑ 마우스입력기 ⓘ 사업자번호는 10자리 입력
채권매입금액	■■■ 8160000 ☑ 마우스입력기 원 ⓘ 금액버튼을 클릭하신 만큼의 금액이 계산됩니다.
	+1만 +5만 +10만 +100만 +1,000만 금액입력기 정정
과세구분	개인 ▼
징구기관	02 법원등기소 ▼
매입용도	19 부동산등기(소유권보존 또는 이전) ▼

확인

• 조회내역

순번	고객명	실명번호	매입용도	징구기관	삭제
	발행금액	매도금액	매도수수료금액	본인부담금	
	선급이자	선급이자소득(법인)세	선급이자지방소득세		
1	이■석	■■-*******	19 부동산등기(소유권보존 또는 이전)	법원등기소	☐
	8,160,000원	7,791,168원	23,370원	388,032 원	
	4,910원	680원	60원		

아래의 실제 납부한 영수증을 살펴보면 국민주택채권 즉시 매도 금액이 388,032원이 아닌, 210,440원으로 나타난다. 금액이 금액이 다른 이유는 이 해당 물건의 실제 주택채권을 매입한 날짜인 2021년 1월 25일 자 금액이다. 388,032원이 나온 날짜는 2021년 6월 2일 자 금액으로, 날짜가 다르기 때문에 채권 매입의 금액 또한 차이가 나는 것을 알 수 있다.

> 참고로 국민주택채권 즉시 매도 금액은 매일매일 차이가 난다. 그 이유는 190page에 상세히 기재했으니 참고하면 될 것이다.

국민주택채권 매입확인서   NH Bank

채권번호	2100-10-1 670651	구분	즉시매도
채권금액	8,160,000원	본인부담금액	210,440원
매입의무자 성명	▓▓	매도금액	7,972,320원
실명번호	▓▓▓-*******	매도대행수수료	23,910원
용도	부동산등기(소유권보존또는이전)	선급이자	1,340원
징구기관	법원등기소	소득세	180원
등기용등록번호	-	지방소득세	10원
취급(관리)영업점	▓▓▓	매출일	2021/01/25
영업점전화번호	▓▓▓	발행일	2021/01/31
원천징수의무자 (사업자등록번호)	농협은행(104-86-39742)		

최종적으로 은행에서 자동으로 결제가 되어 최종적으로 채권 매입이 끝난다.

생각보다 어렵지 않을 것이니 직접 해보길 바란다. 필자가 계속해서 이야기하지만, '실행'이 가장 중요하다.

2. 토지 물건이고 매수(낙찰)자 1인인 경우

① 셀프 채권 매입 도우미 - ② 매입 대상 금액 조회 - ③ 매입 용도 선택, 대상 물건 지역 선택, 건물분 시가표준액 기재 - ④ 채권 매입(발행) 금액 조회 - 채권 매입 금액 확인 - ⑤ 고객부담금 조회 - 발행 금액에 절사한 채권 매입 금액을 기재 - ⑥ 조회 클릭 - 인터넷은행 바로가기 - ⑦ 은행에서 국민주택채권 매입- 영수증 2부 출력

① 셀프 채권 매입 도우미, ② 매입 대상 금액 조회하기를 한 후, ③ 매입 용도와 지역은 토지와 광역시를 선택, 토지의 시가표준액을 기재한 후, ④ 채권 매입(발행)금액 조회를 클릭하고 계산된 채권 매입 금액에서 절사하고, ⑤ 고객부담금 조회하기를 클릭한다.

토지분 시가표준액은 직접 계산해도 되지만, 취득세과에서 팩스로 받은 고지서에 나와 있는 시가표준액을 기재한다. 과세표준액은 아니니 주의하자.

해당 부동산은 법정지상권 물건으로 토지만 매각인 물건이라서 토지시가표준액이 아닌, 주택시가표준액으로 표기되어 있으니 참고하면 된다.

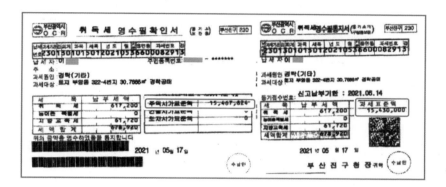

계산된 채권 매입 금액이 386,696원에서 5,000원 이상은 올림 해 1만 원 단위로 채권 매입을 해야 하니 ⑥ 390,000원으로 절사해서 발행 금액 란에 기재한 후 조회를 클릭한다.

아래와 같이 즉시 매도 시 본인부담금이 18,732원으로 계산된다.

발행금액	390000 원		
조회기간	2021 년 06 월 04 일		
과세구분	과세구분을 선택하세요 개인과세		

o 고객부담금 확인   조회

조회일자	2021-06-04		
매도금액	372,138	수수료	1,110
선급이자	270	주민세	0
소득/법인세	30	채권수익률	1.922
매도단가	9,542	즉시매도시 본인부담금	18,732

농협은행에 접속해 국민주택채권 매입을 하면 된다.

• 출금정보 입력

납부자명	이█석
출금계좌번호	312-▩▩▩▩▩▩-01 ▾ [이체가능금액/한도]
출금계좌 비밀번호	●●●● ☑ 마우스입력기 ⓘ 숫자 4자리
관리점(선택)	[　　　　　　] [영업점 검색] ⓘ 출금계좌 관리영업점으로 자동처리 되므로, 관리영업점 변경이 필요하신 고객님만 이용하시기 바랍니다.

• 매입정보 입력

매입의무자 성명	이█석
주민등록번호 (사업자번호)	▩▩▩▩▩ ☑ 마우스입력기 ⓘ 사업자번호는 10자리 입력
채권매입금액	▩▩▩▩ 390000 ☑ 마우스입력기 원 ⓘ 금액버튼을 클릭하신 만큼의 금액이 계산됩니다. [+1만] [+5만] [+10만] [+100만] [+1,000만] ｜ [금액입력기] [정정]
과세구분	개인 ▾
징구기관	02 법원등기소 ▾
매입용도	19 부동산등기(소유권보존 또는 이전) ▾

위와 같이 기재하고 납부하고 아래와 같이 영수증을 2부 출력하자.

1부는 해당 경매계에 제출하고, 1부는 향후 부동산 매매를 하는 경우 필요 경비로 사용해 양도소득세를 절감하도록 하자.

국민주택채권 매입확인서　　　NH Bank

현재시간 : 현재시간 : 2021년 06월 04일

채권번호	2105-10-11231329	구분	즉시매도
채권금액	390,000원	본인부담금액	18,732원
매입의무자 성명	이█석	매도금액	372,138원
실명번호	████ -*****＊	매도대행수수료	1,110원
용도	부동산등기(소유권보존또는이전)	선급이자	270원
징구기관	법원등기소	소득세	30원
등기용등록번호	-	지방소득세	0원
취급(관리)영업점	███지점	매출일	2021/06/04
영업점전화번호		발행일	2021/06/30
원천징수의무자 (사업자등록번호)	농협은행(104-86-39742)		

공동으로 부동산을 매입(낙찰)하는 경우, 모든 공유자가 각각 국민주택채권 매입을 하는 것이 현실적으로 어렵기 때문에 한 명이 대표로 국민주택채권을 매입한다면 여러모로 편리할 것이다.

대리인으로 채권 매입을 하기 위해서는 다른 공유자 즉, 다른 매입 의무자의 성명과 주민등록번호의 2가지의 정보를 알면 매입이 가능하다.

다음과 같이 납부자명에는 대리인 인적사항을 기재하고 매입 의무자에 실제 매수자(낙찰자)의 이름과 주민등록번호를 기재하면, 대리인으로 채권 매입이 가능하다.

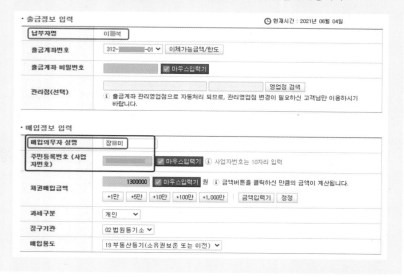

3. 토지 물건이고 매수(낙찰)자 3명 공동인 경우

> ① 셀프 채권 매입 도우미 – ② 매입 대상 금액 조회 – ③ 매입 용도 선택, 대상 물건 지역 선택, 건물분 시가표준액 기재 – ④ 채권 매입(발행) 금액 조회 – 채권 매입 금액 확인 – ⑤ 고객부담금 조회 – 발행 금액에 절사한 채권 매입 금액을 기재 – ⑥ 조회 클릭 – 인터넷은행 바로가기 – ⑦ 은행에서 국민주택채권 매입– 영수증 2부 출력

경북 포항시 남구 상도동에 위치한 토지를 매수(낙찰)받았다. 3명이 공동매수(낙찰)인 경우, 채권 매입 금액은 어떻게 되는지 차근히 계산해보자.

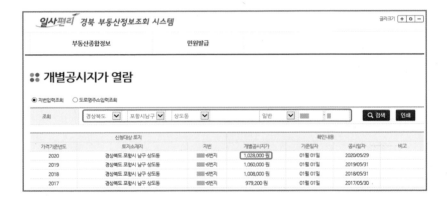

토지의 경우, 개별공시지가는 일사편리(kras.go.kr:444)나 토지대장에서 확인하면 되고, 해당 경매 물건의 개별공시지가 금액이 1,028,000원이다. 이 금액과 매수(낙찰)한 면적을 곱해주면 시가표준액을 계산할 수 있다.

직접 계산하는 방법은

개별공시지가×면적 = 1,028,000원×103.52 = 106,418,560원이다.

취득세 납부서 고지서 하단에 토지 시가표준액 금액이 계산한 금액과 같음을 알 수 있다. 계산하기 번거롭다면 취득세과에서 받은 납부고지서에 기재되어 있는 시가표준액을 이용하면 간편하다. 따라서 팩스로 고지서를 받는 것도 하나의 팁이다.

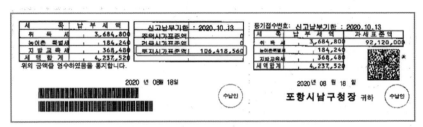

시가표준액 금액인 106,418,560원 금액으로 채권 매입을 하는 게 아니라 3명 공동 낙찰이기 때문에 1/3을 한 금액으로 각자 1개씩 총 3개의 채권 매입을 해야 한다. 자주 틀리는 부분이니 주의를 요한다.

물론 단독낙찰(매수)이면 106,418,560원 금액으로 1개의 채권 매입을 하면 된다.

국민주택채권 매입 시, 단독 매수인지 공동명의 매수(낙찰)인지 꼭 구별해서 매입해야 할 것이다.

106,418,560원 금액을 3등분한 금액인 35,472,854원이 시가표준액이 되어 채권 매입 금액 조회를 해야 한다.

106,418,560원의 3분 1인 35,472,854원을 토지분 시가표준액으로 채권 매입 금액 조회를 하면 709,457원이 나오고, 5,000원 미만은 절사, 5,000원 이상은 올림해 1만 원 단위로 채권 매입을 해야 하기 때문에 709, 4578원은 710,000원이 된다.

3명 공동명의이기 때문에 이 금액으로 국민주택채권 매입을 3번 해야 한다. **1건은 본인 이름으로 매입하면 되고, 2건은 대리인으로 매입해야 한다.**

고객부담금 조회하기를 클릭하고 다음과 같이 발행 금액에 710,000원을 기재하고 조회하면, 2021년 6월 2일 자 즉시 매도 시 본인부담금이 34,149원임을 알 수 있다. 그리고 인터넷은행 바로가기를 클릭해 다음 단계로 넘어가면 된다.

농협은행의 국민주택채권 매입을 클릭하자.

먼저, 3명 중 1명인 필자 본인의 채권 매입을 했다.

쉽게 매입이 가능하다.

먼저 본인의 채권 매입을 한 후에 나머지 2명은 대리인으로 처리하면 된다. 이때 필요한 정보는 공동명의자의 성명과 주민등록번호다.

위의 사진은 납부자명은 본인이고 매입 의무자 성명도 본인이다.

다음 사진은 납부자명은 본인이고 매입 의무자 성명에는 공동낙찰자인 임○○과 이○정으로 채권 매입을 한 것이다.

납부자명은 본인, 매입 의무자 성명에는 공동낙찰자인 임○○으로
채권을 매입했다.

납부자명	이 석		
출금계좌번호	312-	▼	이체가능금액/한도
출금계좌 비밀번호	●●●●	☐ 마우스입력기	ⓘ 숫자 4자리

· 매입정보 입력

매입의무자 성명	임					
주민등록번호 (사업자번호)		☐ 마우스입력기	ⓘ 사업자번호는 10자리 입력			
채권매입금액	710000 ☐ 마우스입력기 원 ⓘ 금액버튼을 클릭하신 만큼의 금액이 계산됩니다.					
	+1만 +5만 +10만 +100만 +1,000만 | 금액입력기 정정					
과세구분	개인 ▼					
징구기관	02 법원등기소 ▼					
매입용도	19 부동산등기(소유권보존 또는 이전) ▼					

납부자명은 본인, 매입 의무자 성명에는 공동낙찰자인 이○정으로
채권을 매입했다.

납부자명	이 석		
출금계좌번호		▼	이체가능금액/한도
출금계좌 비밀번호	●●●●	☐ 마우스입력기	ⓘ 숫자 4자리

· 매입정보 입력

매입의무자 성명	이 정					
주민등록번호 (사업자번호)		☐ 마우스입력기	ⓘ 사업자번호는 10자리 입력			
채권매입금액	710000 ☐ 마우스입력기 원 ⓘ 금액버튼을 클릭하신 만큼의 금액이 계산됩니다.					
	+1만 +5만 +10만 +100만 +1,000만 | 금액입력기 정정					
과세구분	개인 ▼					
징구기관	02 법원등기소 ▼					
매입용도	19 부동산등기(소유권보존 또는 이전) ▼					

3명의 공동낙찰이므로 이렇게 3번의 채권 매입이 필요하다.

다시 한번 정리하자면,

토지 시가표준액 금액인 106,418,560원에서 3명 공동매수이므로 3분의 1 금액인 35,472,854원 금액으로 채권 매입 금액 조회를 한다.

조회 금액은 709,457원이며, 여기서 절사한 금액이 710,000원이다.

이 금액을 채권 매입 금액으로 3번 채권 매입해야 하는 것이다.

710,000원으로 국민주택채권 즉시 매도 금액은 10,542원임을 알 수 있다.

3명의 이름으로 국민주택채권 매입(즉시 매도)을 완료했다.

주택채권 즉시 매도의 본인부담금액을 살펴보면 무언가 이상한 점을 발견할 것이다. 2명은 9,284원이고, 1명은 10,542원으로 금액이 다르다는 것을 알 수 있는데, 이는 주택채권의 매입일자(8/19, 8/19, 8/18)가 다르기 때문이다.

날짜에 따라 주택채권매입 금액이 다른 이유에 대해 알아보자.

국민주택채권 매입 즉시 매도하는 경우, 수탁은행을 통해 증권사에 매도 주문을 요청하게 된다. 매입자는 실제 차액(발행액-매도액) 및 매도대행수수료 등만 부담하게 되며, 이때 시장의 국민주택채권 유통금리가 매일 다르기 때문에 매입자가 부담하는 금액도 매일 달라지게 된다.

유통금리란, 소액채권 전담 증권사가 당일 업무 마감 후 다음 영업일에 적용할 신고 시장 수익률 호가를 제출하며, 증권거래소는 이 호가를 접수받아 가중평균해 발표한다.

인터넷으로 진행하는 방식이 아닌 은행에서 직접 국민주택채권 매입신청서 기재해 매입도 가능하다.

인적사항을 기재하고 매입 금액은 710,000원을 적으면 된다. 당연히 은행에서도 본인 1장과 대리인으로 2장을 매입해야 한다.

매입 용도 란에는 부동산 이전등기를 기재하면 되고, 채권보유 여부 란에는 즉시 매도에 체크하면 되고, 물론 채권 보유해도 된다.

공동 입찰일 때는 본인 외의 채권 매입 시에는 본인이 대리인으로 매입하면 된다. 그때는 공동입찰자의 주민등록번호, 연락처를 알면 가능하다.

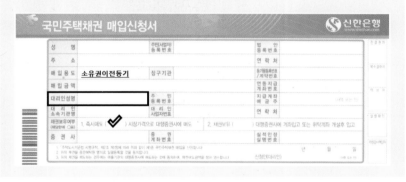

4. 상가 물건이고 매수(낙찰)자 3명 공동인 경우

① 셀프 채권 매입 도우미 – ② 매입 대상 금액 조회 – ③ 매입 용도 선택, 대상 물건 지역 선택, 건물분 시가표준액 기재 – ④ 채권 매입(발행) 금액 조회 – 채권 매입 금액 확인 – ⑤ 고객부담금 조회 – 발행 금액에 절사한 채권 매입 금액을 기재 – ⑥ 조회 클릭 – 인터넷은행 바로가기 – ⑦ 은행에서 국민주택채권 매입– 영수증 2부 출력

이 경우는 특히 소액 투자나 소액 지분, 소액 법정지상권 투자할 때 중요한 내용이다.

상가의 지분을 3명이 공동 투자로 낙찰받고 셀프등기를 진행 중이다.

다음과 같이 건물시가표준액과 토지시가표준액 금액에서 이 금액을 3명이 지분대로 나누어서 국민주택채권을 사면 되는 것이다.

신고납부기한	2020.11.06
주택시가표준액	0
건물시가표준액	9,401,097
토지시가표준액	17,821,421

3명의 지분비율로 건물/토지 시가표준액 금액을 나누면 아래와 같이 된다. 지분의 비율은 A, B, C 각각 $\frac{2}{10}, \frac{4}{10}, \frac{4}{10}$ 비율이다.

3명 공동투자		A	B	C
		10분의2	10분의4	10분의4
건물시가표준액	9,401,097	1,880,219	3,760,439	3,760,439
토지시가표준액	17,821,421	3,564,284	7,128,568	7,128,568
합 계	27,222,518	5,444,504	10,889,007	10,889,007

위의 나누어진 금액으로 채권 매입(발행)금액 조회를 클릭하면 다음과 같은 메시지가 뜬다.

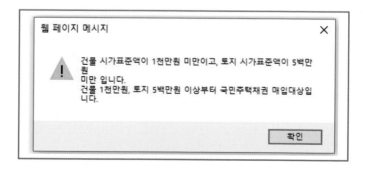

웹 페이지 메시지 ✕

⚠ 건물 시가표준액이 1천만원 미만이고, 토지 시가표준액이 5백만원
미만 입니다.
건물 1천만원, 토지 5백만원 이상부터 국민주택채권 매입대상입니다.

확인

국민주택채권 매입 비용이 '0'원인 경우에 채권 매입한 내용(서류) 없이 셀프등기를 진행하면 경매계에서 분명 전화가 올 가능성이 크므로 앞의 엑셀 시트와 다음과 같은 내용(건물은 1,000만 원 미만, 토지는 500만 원 미만)으로 채권 매입비용이 '0'원이라고 기재해서 같이 제출하는 게 여러모로 편리할 것이다.

즉, 건물시가표준액이 1,000만 원 미만이고, 토지 시가표준액이 500만 원 미만이면 국민주택채권 매입 대상이 아니다. 즉 매입할 필요가 없고 비용은 0원이다.

A 지분의 금액을 건물분/토지분 각각 기재하고 금액 조회를 하면 매입 대상이 아니라는 메시지가 뜬다. B, C 지분도 마찬가지임을 알 수 있다.

매입대상금액조회

채권금액 계산하기

매입용도	부동산 소유권등기(주택, 토지 外)
대상물건지역	그 밖의 지역
건물분 시가표준액	3,760,439 원 · 단독/공동주택 외(서울) · 단독/공동주택 외(서울 외)
토지분 시가표준액	7,128,568 원 · 토지가격열람

웹 페이지 메시지 ×

✓

⚠ 건물 시가표준액이 1천만원 미만입니다. 건물 시가표준액 1천만원 이상부터 국민주택채권 매입대상입니다.

확인

채권매입(발행)금액조회

5. 금액이 맞는지 역산하는 방법 – 아파트 물건이고 매수(낙찰)자 1인, 은행에서 매입

경남 거제시에 위치한 아파트를 매수(낙찰)했다. 인터넷으로 국민주택채권 매입을 하지 않고 직접 은행에 방문해 주택채권 매입을 했다.

아래 국민주택채권 즉시 매도 영수증을 보면 본인부담액이 67,382원으로 확인된다. 정확한 금액인지 역산해보도록 하자.

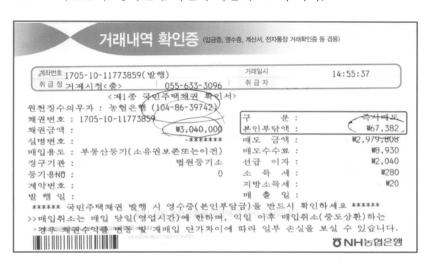

◆ 금액이 맞는지 역산하는 방법

먼저, 아파트의 시가표준액 확인을 위해 부동산 공시가격 알리미에 접속해 해당 아파트 동·호수로 검색했다. 시가표준액 금액은 169,000,000원이다.

			107	202	84.9788	169,000,000

주택도시기금 홈페이지에서 매입 대상 금액 조회를 하자.

매입 용도와 대상 물건 지역은 각각 아파트, 그 밖의 지역으로 지정하고, 시가표준액은 169,000,000원을 기재하고 채권 매입 금액을 조회하면 3,042,000원이 결정된다. 이 금액에서 절사한 금액은

3,040,000원이다.

고객부담금 조회하기를 클릭한다.

매입대상금액조회
❥ 채권금액 계산하기

매입용도	부동산 소유권등기(주택, 아파트, 연립) ∨
대상물건지역	그 밖의 지역 ∨
건물분 시가표준액	169,000,000 원 [공동주택가격열람] [단독주택가격열람]

- 주택은 토지가 포함된 가격
- 가격이 공시되지 않은 신규분양공동주택은 다음의 취득가격 기준
  * 취득가격 = 분양가격+옵션비용-(분양가 및 옵션에 대한 부가세+선납할인)

[채권매입(발행)금액조회]

| 채권매입금액 | 3,042,000 원 ✓ |
| 매입기준 | 그 밖의 지역 시가표준액 1억6천만원 이상 2억6천만원 미만 : 시가표준액의 18/1,000 |

* 5천원 미만은 절사, 5천원 이상은 올림하여 1만원 단위로 채권매입

시가표준액 추가 확인방법
- 등록세 영수필확인서(등기소보관용)에서 다음의 시가표준액을 확인할 수 있습니다.
  - 주택시가표준액 : 주택은 토지가 포함된 가격
  - 건물시가표준액 : 주택이 아닌 상가, 공장, 오피스텔 등을 말함
  - 토지시가표준액
- 시가표준액 관련 사항은 관할구청으로 문의하시기 바랍니다.

제1종 국민주택채권을 매입과 동시에 매도할 경우 매도금액,선급이자와 세금을 가감한 고객님이 실제 부담금을 조회하실 수 있습니다.

[< 이전단계] [고객부담금 조회하기 >]

발행 금액에 절사한 금액 3,040,000원을 기재하고 조회기간을 영수
증에 나와 있는 과거 날짜로 지정해 조회를 클릭하면 즉시 매도 본인부
담금 금액이 조회되는데, 67,382원임을 알 수 있다.

은행에서 발급받은 영수증과 같은 금액임을 확인했다.

즉, 과거에 국민주택채권 매입 즉시 매도한 금액을 확인할 수 있는
것이 중요한 포인트다.

고객부담금 조회

제1종 국민주택채권의 발행금액과 과세구분을 선택하면 실제 고객부담금을 조회할 수 있습니다.

※ 대리인을 통한 채권매입 시, 은행에서 발행하는 영수증의 고객부담금과 하단의 조회내역이 일치하는지 확인하시기 바랍니다
※ 고객부담금은 조회 일자에 따라 달라질 수 있습니다.

채권매입금액	3,042,000 원

o 고객부담금 조회

※ 발행금액을 만원단위로 입력하고 과세구분을 선택한 후 [조회]버튼을 클릭하세요.
※ 발행금액 1만원 미만 금액의 경우, 5천원 이상일때는 1만원, 5천원 미만이면 없는 것으로 계산하세요.

발행금액	3040000 원
조회기간	▢ ▾년 06 ▾월 16 ▾일
과세구분	과세구분을 선택하세요 개인과세 ▾

조회

o 고객부담금 확인

조회일자	2017-06-16		
매도금액	2,979,808	수수료	8,930
선급이자	2,040	주민세	20
소득/법인세	280	채권수익률	2.140
매도단가	9,802	즉시매도시 본인부담금	✓ 67,382

※ 즉시매도 시 본인부담금 : 발행금액-(매도금액-수수료)-(선급이자-소득/법인세-주민세)

< 이전단계   인터넷은행 바로가기 >

등기신청수수료, 국민주택채권까지 납부했다면 셀프등기는 완료되었 다고 봐도 무방하다.

> 지금까지 '셀프등기 순서 1장' 파일을 출력하고 공부 서류를 발급받아 '경매 5종 세트 서류' 파일을 작성했다(말소할 목록 작성).
>
> 그리고 잔금 납부를 했고 취득세와 등록면허세를 납부했다.
>
> 등기신청수수료를 납부했다.
>
> 국민주택채권을 매입했다.

PART
07

우표, 대봉투 구입 및
최종 서류를
정리해서 우편등기

우표

셀프등기의 마지막 단계라고 할 수 있는 우표에 대해 알아보자.

법원마다 필요로 하는 우표의 개수와 금액이 상이하기 때문에 정확히 확인해 구입하는 것이 매우 중요하다. 우표 값과 개수가 틀리면 다시 우표를 구매해서 다시 우편등기를 보내야 하기에 번거로움이 크다.

---

1. 송달료 – 우표 6,000원 및 우표 3,000원 우체국에서(남부산등기소만 해당)

11. 우표 – 6,000원 2개

□ 부동산소재지가 목포(신안)인 경우 송달료예납영수증 또는 우표 5,100원, 그 외 지역(영암,무안,함평)은 우표 10,200원

8. 우표 – 4,880원 * 2개 (마산합포구, 마산회원구 소재 부동산은 우표 불요)

법원 경매계(경매 접수계)에 '소유권 이전등기 촉탁신청서'를 접수하면, 등기소로 서류를 보내 등기소에서 소유권 이전을 하고, 그 '등기필 정보 및 등기완료통지서'를 다시 본인의 집으로 바로 등기우편을 보내

는 경우도 있고, 아니면 법원 경매계로 보내어 법원 경매계에서 본인의 집으로 등기우편을 보내주는 경우도 있다. 법원마다 다르므로 법원에 직접 문의하는 것이 가장 정확하다.

대봉투

대봉투 2장이 필요하다.

1장은 해당 법원 경매계로 보낼 우편봉투이고, 1장은 해당 법원에서 소유권 이전이 되어 등기필정보를 다시 소유자 집으로 보낼 우편봉투다.

당연히 등기필증 우편송부신청서를 신청해야 집으로 등기가 올 것이다.

최종 서류 정리

이제 최종적으로 아래와 같이 서류를 확인한 후, 해당 법원 경매계로 등기우편을 보내면 최종 완료가 된다.

① 부동산 소유권 이전등기 촉탁신청서

② 부동산 목록(=부동산의 표시)

③ 부동산 등기사항전부증명서(구 등기부등본)

④ 건축물대장

⑤ 토지대장

⑥ 주민등록초본

⑦ 취득세, 등록면허세 영수증

⑧ 등기신청수수료 영수증

⑨ 말소할 사항

⑩ 국민주택채권 영수증

⑪ 등기필증 우편송부신청서

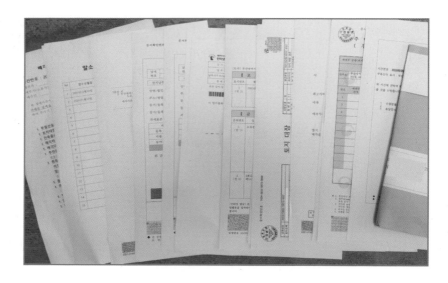

등기우편을 보내면 최종적으로 셀프등기가 완료된다.

필자 스스로 이 책에 기술한 방법으로 매년 수많은 셀프등기를 신속·정확하고 가장 효율적으로 실제 진행하고 있으므로 자신 있게 독자들에게 추천한다.

필자의 많은 노하우와 팁들을 담은 이 책을 통해 독자분들이 경매 셀프등기를 직접 실행하기를 바라며, 소유권 이전등기의 전문가가 되시기를 바란다.

지금까지 '셀프등기 순서 1장' 파일을 출력하고 공부 서류를 발급받아 '경매 5종 세트 서류' 파일을 작성했다(말소할 목록 작성).

그리고 잔금 납부를 했고 취득세와 등록면허세를 납부했다.

등기신청수수료를 납부했다.

국민주택채권을 매입했다.

우표, 대봉투를 구입하고 셀프등기 전체 서류를 챙겨 법원 경매계로 우편등기를 보내면 셀프등기가 최종적으로 완료된다.

셀프등기 진행 단계는 다음과 같다.

01. '셀프등기 순서 1장' 파일을 출력

02. 공부 서류를 발급

03. '경매 5종 세트 서류' 파일 작성

04. 잔금 납부 – 경매계 직접 방문

05. 취·등록세 고지서를 팩스로 받은 후 납부

06. 등기신청수수료 납부 / 국민주택채권 매입

07. 우표, 대봉투 구입 및 최종 서류를 정리해서 우편등기

예상치 못한 상황이
발생했을 때

간혹 생각지도 못한 사고가 생길 수도 있다. 이 경우, 다음과 같이 해결하면 되니 잘 기억해두면 좋을 것이다.

Q. 잔금 납부 당일, 법원 내 은행의 전산시스템이 다운된다면?

A. 해당 법원에 잔금 납부를 하기 위해 방문해 경매계를 거쳐 은행에 잔금 납부를 하기 위해 방문했다. 하지만 은행 전산시스템이 다운되어 무한히 기다려야 하는 상황인 경우, 어떻게 해야 할까?

당연히 몇십 분 만에 해결된다면 충분히 기다릴 수 있으므로 큰 문제가 없겠지만, 그 시간이 길어지고, 특히 잔금을 빨리 내고 다른 법원으로 이동해 입찰 참여를 할 예정이었다면 문제가 심각해진다.

이런 경우, 타 법원으로 입찰을 포기하는 것은 그 물건에 쏟아부은 나의 노력과 시간이 너무 아까울 것이다.

해결 방법은 다음과 같다.
은행과 경매계 담당자의 동의가 필요하다. 은행창구 담당자에게 미리 잔금을 납부할 테니 전산시스템이 정상화되면 그때 영수증을 발급해 해당 경매계로 갖다 줄 수 있는지 동의를 구한다.

그리고 다시 해당 경매계로 가서 다음과 같은 상황을 설명하고 전산이 되면 그때 잔금 납부 영수증을 은행직원이 직접 경매계로 제출할 것이니 먼저 '법원보관금영수증'과 '부동산 표시' 서류를 발급해주길 부탁한다.

경매 담당자에 따라 다르겠지만, 필자의 경우에는 다행히 필자의 의견을 받아주어서 앞과 같이 조치하고 다른 법원으로 이동해 입찰에 참여할 수 있었다.

9시부터 전산이 다운되어 결국 11시에 법원보관금영수증을 은행으로부터 팩스로 받았음을 확인할 수 있다.

Q. 취·등록세 고지서가 불명확한 이유로 취소되었다면?

A. 취·등록세 고지서가 팩스로 왔다면 당연히 위택스(이택스)에도 납부서가 있어야 하지만, 해당 관청의 불명확한 이유로 고지서가 취소되어 위택스(이택스)에도 나타나지 않고 직접 고지서를 들고 은행에 방문해도 전자 납부번호가 없어서 납부가 안 된다는 은행 창구 직원의 답변을 듣는 경우가 아주 간혹 있다.

이런 경우, 등록면허세 신청서를 취득세과로 보낸 팩스 앱에 자료가 남아 있으니 취득세과로 다시 팩스를 보낸 후, 고지서를 팩스로 받으면 된다.

만약 법원이라면, 법원 내의 컴퓨터, 팩스와 프린터를 이용할 수 있으므로 이를 활용하면 된다.

꼭 이 책을 통해 경매 셀프등기를 할 수 있게 되어 전문가로 거듭나길 기원한다.

경매·공매 물건의 추천 물건을 메일로 받아보고 싶으시거나,
강의 및 교육 관련 문의는
nare562@daum.net으로 연락해주세요. 감사합니다.

부동산 경매 셀프등기 A to Z

제1판 1쇄 ㅣ 2022년 1월 7일

지은이 ㅣ 이창석
펴낸이 ㅣ 유근석
펴낸곳 ㅣ 한국경제신문 *i*
기획 · 제작 ㅣ ㈜두드림미디어
책임편집 ㅣ 최윤경, 배성분   디자인 ㅣ 노경녀 n1004n@hanmail.net

주소 ㅣ 서울특별시 중구 청파로 463
기획출판팀 ㅣ 02-333-3577
E-mail ㅣ dodreamedia@naver.com
등록 ㅣ 제 2-315(1967. 5. 15)

ISBN   978-89-475-4762-8 (03320)

한국경제신문 *i* 부동산 도서 목록

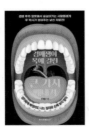

한국경제신문 i 부동산 도서 목록